ADÉLAÏDE DU GUESCLIN,

TRAGÉDIE;

Repréſentée pour la premiere fois le 18 Janvier 1734, & remiſe au Théâtre le 9 Septembre 1765.

Donnée au Public par M. LE KAIN, Comédien ordinaire du Roi.

Le prix eſt de 30 ſols.

À PARIS,

Chez la Veuve DUCHESNE, Libraire, rue Saint Jacques, au-deſſous de la Fontaine Saint Benoît, au Temple du Goût.

M. DCC. LXV.

Avec Approbation & Privilège du Roi.

PRÉFACE

DE

L'ÉDITEUR.

L'AUTEUR m'ayant laiſſé le maître de cette Tragédie, j'ai cru ne pouvoir mieux faire que d'imprimer la Lettre qu'il écrivait à cette occaſion à un de ſes amis.

Quand vous m'apprîtes, Monſieur, qu'on jouait à Paris une Adélaïde du Gueſclin avec quelque ſuccès, j'étais très-loin d'imaginer que ce fût la mienne; & il importe fort peu au Public que ce ſoit la mienne ou celle d'un autre. Vous ſçavez ce que j'entends par le Public; ce n'eſt pas *l'Univers*, comme nous autres barbouilleurs de papier l'avons dit quelquefois.

Le Public, en fait de Livres, eſt compoſé de quarante ou cinquante perſonnes, ſi le Livre eſt ſérieux; de quatre ou cinq cents, lorſqu'il eſt plaiſant; & d'environ onze ou douze cents, s'il s'agit d'une Pièce de Théâtre. Il y a toujours dans Paris plus

de cinq cent mille ames qui n'entendent jamais
parler de tout cela.

Il y avait plus de trente ans que j'avais hazar-
dé devant ce Public une Adélaïde du Guesclin,
escortée d'un Duc de Vendôme, & d'un Duc de
Nemours qui n'existerent jamais dans l'Histoire.
Le fond de la Piece étoit tiré des Annales de
Bretagne, & je l'avais ajustée comme j'avais pu
au Théâtre sous des noms supposés. Elle fut sifflée
dès le premier Acte.

Les sifflets redoublerent au second, quand on vit
arriver le Duc de Nemours blessé & le bras en
écharpe. Ce fut bien pis, quand on entendit au
cinquieme le signal que le Duc de Vendôme avait
ordonné ; & lorsqu'à la fin le Duc de Vendôme
disait, *es-tu content*, *Couci* ? Plusieurs bons Plai-
sans crierent *cousi*, *cousi*.

Vous jugez bien que je ne m'obstinai pas contre cette belle réception. Je donnai quelques années après la même Tragédie sous le nom du Duc
de Foix, mais je l'affaiblis beaucoup par respect
pour le ridicule. Cette Piece devenue plus mau-
vaise, réussit assez, & j'oubliai entièrement celle
qui valait mieux.

Il restait une copie de cette Adélaïde entre les
mains d'un des Acteurs de Paris. Il a ressuscité,
sans m'en rien dire, cette défunte Tragédie, &
elle a été accueillie avec beaucoup d'applaudisse-
mens. Les endroits qui avaient été le plus sifflés

ont été ceux qui ont excité le plus de battemens de mains.

Vous me demanderez auquel des deux jugemens je me tiens, je vous répondrai ce que dit un Avocat Vénitien aux Sérénissimes Sénateurs devant lesquels il plaidait ; *Il mese passato*, disait-il, *le voftre Excellenze hanno judicato cofi, & quefto mefe nella medefima, caufa hanno judicato tutto l' contrario & fempre ben.* Vos Excellences, le mois passé, jugerent de cette façon, & ce mois-ci dans la même caufe ils ont jugé tout le contraire, & toujours à merveille.

M. Oghieres, riche Banquier à Paris, ayant été chargé de faire compofer une marche pour un des Régimens de Charles XII, s'adreffa au Muficien Mouret ; la marche fut exécutée chez le Banquier en préfence de fes amis tous grands connaiffeurs. La mufique fut trouvée détestable. Mouret remporta fa marche & l'inféra dans un Opéra qu'il fit jouer. Le Banquier & fes amis allerent à l'Opéra, la marche fut très-applaudie. Eh ! voilà ce que nous voulions, difaient-ils à Mouret ; que ne nous donniez-vous une Pièce de ce goût-là ? Meffieurs, c'eft la même.

On ne tarit point fur ces exemples : qui ne fçait que la même chofe eft arrivée aux idées innées, à l'émétique, & à l'inoculation, tour à tour fifflés & bien reçus. Les opinions ont ainfi flotté dans les affaires férieufes comme dans les Beaux-Arts & dans les Sciences.

PRÉFACE DE L'ÉDITEUR.

Quod petiit spernit, repetit quod nuper omifit.
La vérité & le bon goût n'ont remis leur fceau
que dans la main du tems. Cette réflexion doit
retenir les Auteurs des Journaux dans les bornes
d'une grande circonfpection. Ceux qui rendent
compte des Ouvrages , doivent rarement s'em-
preffer de les juger. Il ne fçavent pas fi le Public
à la longue jugera comme eux ; & puifqu'il n'a
un fentiment décidé & irrévocable qu'au bout
de quelques années, que penfer de ceux qui jugent
de tout fur une lecture précipitée ?

AVERTISSEMENT
DE L'ÉDITEUR.

ON osera rappeller ici ce que l'Auteur n'a pû dire ; c'est que le Temple du Goût qui avait paru quelque tems avant Adélaïde, fut cause du peu de succès de cette Tragédie.

Bien juger & bien composer, c'en était trop à la fois ; on ne le pardonna point à l'Auteur ; aujourd'hui le Public plus instruit & plus équitable a senti que cette Pièce joignait aux beautés dont elle est remplie, l'avantage d'avoir exposé sur la Scene un des plus sublimes cinquièmes Actes qui aient encore paru, d'avoir fait entendre pour la premiere fois des noms chers aux Français, d'avoir peint en Vers très - beaux & très-harmonieux les sentimens du Patriotisme Monarchique, sentimens si puissans sur une Nation connue & distinguée dans tous les tems par sa fidélité & son amour pour ses Rois.

ACTEURS.

LE SIRE DE COUCI.   *M. Granval.*

LE DUC DE VENDOSME.   *M. le Kain.*

LE DUC DE NEMOURS,
  fon Frere.   *M. Molé.*

DANGESTE, Ecuyer du Duc
  de Nemours.   *M. D'Auberval.*

UN OFFICIER du Duc de
  Vendôme.   *M. Fromentin.*

ADÉLAÏDE DU GUESCLIN.   *Mlle. Dubois.*

TAÏSE D'ANGLURE, Confi-
  dente d'Adélaïde.   *Mlle. Defpinal.*

La Scène eft à Lille.

ADÉLAÏDE DU GUESCLIN,
TRAGÉDIE.

ACTE PREMIER.

SCENE PREMIERE.

LE SIRE DE COUCI, ADELAÏDE.

COUCI.

DIGNE sang de Guesclin, vous qu'on voit aujourd'hui
Le charme des Français dont-il était l'appui,
Souffrez qu'en arrivant dans ce séjour d'allarmes,
Je dérobe un moment au tumulte des armes.

Ecoutez-moi : voyez d'un œil mieux éclairci
Les desseins, la conduite & le cœur de Couci ;
Et que votre vertu cesse de méconnaître
L'ame d'un vrai Soldat, digne de vous peut-être.

ADÉLAÏDE.

Je sçais quel est Couci : sa noble intégrité
Sur ses lèvres toujours plaça la vérité.
Quoi que vous m'annonciez, je vous croirai sans
    peine.

COUCI.

Sçachez que, si ma foi dans Lille me ramene,
Si du Duc de Vendôme embrassant le parti,
Mon zèle en sa faveur ne s'est pas démenti,
Je n'approuvai jamais la fatale alliance
Qui l'unit aux Anglais, & l'enleve à la France ;
Mais dans ces tems affreux de discorde & d'horreur,
Je n'ai d'autre parti que celui de mon cœur :
Non que pour ce Héros mon ame prévenue
Prétende à ses défauts fermer toujours ma vue ;
Je ne m'aveugle pas : je vois avec douleur
De ses emportemens l'indiscrette chaleur :
Je vois, que de ses sens l'impétueuse ivresse
L'abandonne aux excès d'une ardente jeunesse :
Et ce torrent fougueux, que j'arrête avec soin,
Trop souvent me l'arrache & l'emporte trop loin.
Il est né violent, non moins que magnanime ;
Tendre, mais emporté ; mais capable d'un crime.
Du sang qui le forma je connais les ardeurs :
Toutes les passions sont en lui des fureurs.
Mais il a des vertus qui rachetent ses vices.
Et qui sçaurait, Madame, où placer ses services,
S'il ne vous fallait suivre & ne chérir jamais
Que des cœurs sans foiblesse, & des Princes parfaits.

Tout mon sang est à lui ; mais enfin cette épée
Dans celui des Français à regret s'est trempée.
Ce fils de Charles-Six.

ADÉLAÏDE.

Osez le nommer Roi :
Il l'est, il le mérite.

COUCI.

Il ne l'est pas pour moi.
Je voudrais, il est vrai, lui porter mon hommage :
Tous mes vœux sont pour lui ; mais l'amitié m'engage,
Mon bras est à Vendôme, & ne peut aujourd'hui,
Ni servir, ni traiter, ni changer qu'avec lui.
Le malheur de nos tems, nos discordes sinistres,
Le Dauphin aveuglé par d'indignes Ministres,
Dans ce cruel parti tout l'a précipité.
Je ne peux à mon choix fléchir ta volonté.
J'ai souvent, de son cœur aigrissant les blessures,
Révolté sa fierté par des verités dures.
Vous seule à votre Roi pourriez le rappeller,
Madame ; & c'est de quoi je cherche à vous parler.
J'aspirai jusqu'à vous, avant qu'aux murs de Lille
Vendôme trop heureux vous donnât cet asyle :
Je crus que vous pourriez, approuvant mon dessein,
Accepter sans mépris mon hommage & ma main,
Que je pouvais unir, sans une aveugle audace,
Les lauriers des Guesclins aux lauriers de ma race ;
La Gloire le voulait ; & peut-être l'Amour,
Plus puissant & plus doux, l'ordonnait à son tour :
Mais à de plus beaux nœuds je vous vois destinée.
La guerre dans Cambrai vous avait amenée
Parmi les flots d'un Peuple à soi-même livré,
Sans raison, sans justice & de sang enivré ;
Un amas de Mutins, troupe indigne de vivre,
Vous méconnut assez pour oser vous poursuivre.

Vendôme vint, parut, & son heureux secours
Punit leur insolence & sauva vos beaux jours.
Quel Français , quel mortel eût pu moins entre-
     prendre ?
Et qui n'aurait brigué l'honneur de vous défendre ?
La guerre en d'autres lieux occupait ma valeur.
Vendôme vous sauva, Vendôme eut ce bonheur :
La gloire en est à lui, qu'il en ait le salaire :
Il a par trop de droits mérité de vous plaire.
Il est Prince , il est jeune , il est votre vengeur ;
Ses bienfaits & son nom, tout parle en sa faveur :
La justice & l'amour vous pressent de vous rendre.
Je n'ai rien fait pour vous, je n'ai rien à prétendre :
Je me tais. . . Mais sçachez que pour vous mériter ,
A tout autre qu'à lui j'irais vous disputer :
Je ne céderais pas aux enfans des Rois même ;
Mais Vendôme est mon Chef ; il vous adore , il
     m'aime.
Couci, ni vertueux, ni superbe à demi ,
Aurait bravé le Prince, & céde à son ami.
Je fais plus : de mes sens maitrisant la faiblesse,
J'ose de mon rival appuyer la tendresse ;
Vous montrer votre gloire , & ce que vous devez
Au Héros qui vous sert, & par qui vous vivez.
Je verrai d'un œil sec, & d'un cœur sans envie ,
Cet hymen qui pouvait empoisonner ma vie.
Je réunis pour vous mon service & mes vœux.
Ce bras qui fut à lui combattra pour tous deux.
Voilà mes sentimens. Si je me sacrifie ,
L'amitié me l'ordonne, & sur-tout la Patrie.
Songez que, si l'hymen vous range sous sa Loi ,
Si ce Prince est à vous , il est à votre Roi.

A D E L A Ï D E.

Qu'avec étonnement, Seigneur , je vous contemple!
Que vous donnez au monde un rare & grand exem-
     ple

Quoi ! ce cœur (je le crois sans feinte & sans détour)
Connaît l'amitié seule, & sçait braver l'amour !
Il faut vous admirer quand on sçait vous connaître :
Vous servez votre ami, vous servirez mon maître :
Un cœur si généreux doit penser comme moi.
Tous ceux de votre sang sont l'appui de leur Roi.
Eh bien ! de vos vertus je demande une grace.

C O U C I.

Vos ordres sont sacrés ; que faut-il que je fasse ?

A D É L A Ï D E.

Vos conseils généreux me pressent d'accepter
Ce rang, dont un grand Prince a daigné me flatter.
Je n'oublierai jamais combien son choix m'honore ;
J'en vois toute la gloire : & quand je songe encore
Qu'avant qu'il fût épris de cet ardent amour,
Il daigna me sauver & l'honneur & le jour,
Tout ennemi qu'il est de son Roi légitime,
Tout vengeur des Anglais, & protecteur du crime,
Accablee à ses yeux du poids de ses bienfaits,
Je crains de l'affliger, Seigneur, & je me tais.
Oui, malgré son service & ma reconnoissance,
Il faut par des refus répondre à sa constance.
Sa passion m'afflige. Il est dur à mon cœur,
Pour prix de tant de soins, de causer son malheur.
A ce Prince, à moi-même épargnez cet outrage.
Seigneur, vous pouvez tout sur ce jeune courage :
Souvent on vous a vu, par vos conseils prudents,
Modérer de son cœur les vœux impatients.
Daignez débarasser ma vie & ma fortune
De ces nœuds trop brillans dont l'éclat m'importune.
De plus fieres Beautés, de plus dignes appas
Brigueront sa tendresse où je ne prétends pas.

A iij

D'ailleurs quel appareil, quel ems pour l'hyménée!
Des armes de mon Roi Lille est environnée :
J'entends de tous côtés les clameurs des Soldats,
Et les sons de la guerre, & les cris du trépas.
La terreur me consume : & votre Prince ignore
Si Nemours...si son frere, hélas! respire encore.
Ce frere qu'il aima..ce vertueux Nemours;
On disait que la Parque avait tranché ses jours;
Que la France en avait une douleur mortelle.
Seigneur, au sang des Rois il fut toujours fidele.
S'il est vrai que sa mort...-Excusez mes ennuis,
Mon amour pour mes Rois, & le trouble où je suis.

C O U C I.

Vous pouvez l'expliquer au Prince qui vous aime,
Et de tous vos secrets l'entretenir vous-même;
Il va venir, Madame : & peut être vos vœux....

A D É L A Ï D E.

Ah! Couci, prévenez le malheur de tous deux.
Si vous aimez ce Prince : & si, dans mes allarmes,
Avec quelque pitié vous regardez mes larmes,
Sauvez-le, sauvez-moi de ce triste embarras.
Daignez tourner ailleurs ses desseins & ses pas.
Pleurante & désolée empêchez qu'il ne voie....

C O U C I.

Je plains cette douleur où votre ame est en proie,
Et loin de la gêner d'un regard curieux,
Je baisse devant elle un œil respectueux.
Mais, quel que soit l'ennui dont votre cœur soupire,
Je vous ai deja dit ce que j'ai dû vous dire,
Je ne puis rien de plus. Le Prince est soupçonneux,
Je lui serais suspect en expliquant vos vœux;
Je scais à quel excès irait sa jalousie,
Quel poison mes discours répandraient sur sa vie :

Je vous perdrais peut-être ; & mon soin dangereux,
Madame, avec un mot, ferait trois malheureux.
Vous, à vos intérêts rendez-vous moins contraire.
Pesez sans passion l'honneur qu'il veut vous faire.
Moi, libre entre vous deux, souffrez que, dès ce
    jour,
Oubliant à jamais le langage d'amour,
Tout entier à la guerre, & maître de mon ame,
J'abandonne à leur sort & vos vœux & sa flamme.
Je crains de l'affliger, je crains de vous trahir,
Et ce n'est qu'aux combats que je dois le servir.
Laissez-moi d'un Soldat garder le caractère,
Madame ; & puisqu'enfin la France vous est chere,
Rendez-lui ce Héros qui ferait son appui.
Je vous laisse y penser, & je cours près de lui.
Adieu, Madame.

SCENE II.

ADELAÏDE, TAISE.

ADÉLAÏDE.

OU suis-je ? hélas ! tout m'abandonne.
Nemours.... De tous côtés le malheur m'environne.
Ciel ! qui m'arrachera de ce cruel séjour ?

TAÏSE.

Quoi ! du Duc de Vendôme, & le choix & l'amour ;
Quoi ! ce rang qui ferait le bonheur & l'envie
De toutes les Beautés dont la France est remplie ;
Ce rang qui touche au Trône, & qu'on met à vos
    pieds,
Ferait couler les pleurs dont vos yeux sont noyés.

ADÉLAÏDE.

Ici au haut des Cieux , du Guefclin me contemple.
De la fidélité , ce Héros fut l'exemple.
Je trahirais le fang qu'il verfa pour nos Loix ,
Si j'acceptais la main du vainqueur de nos Rois.

TAÏSE.

Quoi ! dans ces triftes tems de ligues & de haines ,
Qui confondent des droits les bornes incertaines ,
Où le meilleur parti femble encor fi douteux ,
Où les enfans des Rois font divifés entr'eux ,
Vous , qu'un aftre plus doux femblait avoir formée
Pour unir tous les cœurs , & pour en être aimée ,
Vous refufez l'honneur qu'on offre à vos appas
Pour l'intérêt d'un Roi qui ne l'exige pas.

ADÉLAÏDE.

Mon devoir me rangeait du parti de fes armes.

TAÏSE.

Ah ! le devoir tout feul fait-il verfer des larmes ?
Si Vendôme vous aime , & fi par fon fecours...

ADÉLAÏDE.

Laiffe-là fes bienfaits, & parle de Nemours.
N'en as-tu rien appris ? Sçait-on s'il vit encore ?

TAÏSE.

Voilà donc , en effet , le foin qui vous dévore ,
Madame ?

ADÉLAÏDE.

Il eft trop vrai , je l'avoue ; & mon cœur
Ne peut plus foutenir le poids de fa douleur ;
Elle échappe , elle éclate , elle fe juftifie :
Et fi Nemours n'eft plus , fa mort finit ma vie.

TAÏSE

Et vous pouviez cacher ce fecret à ma foi ?

ADÉLAÏDE.

Le secret de Nemours dépendait-il de moi ?
Mes feux toujours brûlans dans l'ombre du silence,
Trompaient de tous les yeux la triste vigilance.
Séparés l'un de l'autre, & sans cesse présens,
Nos cœurs de nos soupirs étaient seuls confidens :
Et Vendôme sur-tout ignorant ce mystère,
Ne sçait pas si mes yeux ont jamais vû son frere.
Dans les murs de Paris... mais, ô soins superflus !
Je te parle de lui, quand peut-être il n'est plus.
O murs, où j'ai vécu de Vendôme ignorée !
O tems, où de Nemours en secret adorée !...
Nous touchions l'un & l'autre au fortuné moment
Qui m'allait aux Autels unir à mon Amant !
La guerre a tout détruit. Fidèle au Roi son maître,
Mon Amant me quitta, pour m'oublier peut-être.
Il partit ; & mon cœur, qui le suivait toujours,
A vingt peuples armés redemanda Nemours.
Je portai dans Cambrai ma douleur inutile ;
Je voulus rendre au Roi cette superbe Ville ;
Nemours à ce dessein devait servir d'appui ;
L'Amour me conduisait, je faisais tout pour lui.
C'est lui qui d'une fille animant le courage,
D'un peuple factieux me fit braver la rage ;
Il exposa mes jours pour lui seul réservés ;
Jours tristes, jours affreux qu'un autre a conservés !
Ah ! qui m'éclaicira d'un destin que j'ignore ?
Français, qu'avez-vous fait du Héros que j'adore ?
Ses lettres autrefois, chers gages de sa foi,
Trouvaient mille chemins pour venir jusqu'à moi.
Son silence me tue. Hélas ! il sçait peut-être
Cet amour qu'à mes yeux son frere a fait paraître.
Tout ce que j'entrevois conspire à m'allarmer,
Et mon Amant est mort, ou cesse de m'aimer !
Et pour comble de maux, je dois tout à son frere !

TAISE.

Cachez bien à ses yeux ce dangereux mystère :

Pour vous, pour votre Amant, redoutez son courroux.
Quelqu'un vient.

ADÉLAÏDE.

C'est lui-même, ô Ciel !

TAÏSE.

Contraignez-vous.

SCENE III.

LE DUC DE VENDOSME, ADÉLAIDE,
TAISE.

LE DUC DE VENDOSME.

ENfin, c'est trop attendre, enfin je dois connoître
Dans les derniers momens qui me restent peut-être,
Si volant aux combats j'y dois porter un cœur
Accablé d'infortune ou fier de son bonheur.
La Discorde sanglante afflige ici la terre :
Nos pas sont entourés des piéges de la guerre :
J'ignore à quel destin le Ciel veut me livrer ;
Mais si d'un peu de gloire il daigne m'honorer,
Cette gloire, sans vous, obscure & languissante,
Des flambeaux de l'hymen deviendra plus brillante.
Souffrez que mes lauriers attachés par vos mains
Ecartent le tonnerre & bravent les destins :
Ou, si le Ciel jaloux a conjuré ma perte,
Souffrez que de nos noms ma tombe au moins cou-
    verte ;
Apprenne à l'avenir que Vendôme amoureux
Expira votre époux, & périt trop heureux.

ADÉLAÏDE.

Tant d'honneur, tant d'amour fervent à me confondre,
(*à part.*)
Prince... Que lui dirai-je ! & comment lui répondre ?
Ainſi, Seigneur ... Couci ne vous a point parlé ?

VENDOSME.

Non, Madame D'où vient que votre cœur troublé
Répond en frémiſſant à ma tendreſſe extrême ?
Vous parlez de Couci, quand Vendôme vous aime.

ADÉLAÏDE.

Prince, s'il était vrai que ce brave Nemours
De ſes ans pleins de gloire eût terminé le cours,
Vous qui le chériſſiez d'une amitié ſi tendre,
Vous qui deviez au moins des larmes à ſa cendre,
Au milieu des combats, & près de ſon tombeau,
Pourriez-vous de l'hymen allumer le flambeau ?

VENDOSME.

Ah ! je jure par vous, vous qui m'êtes ſi chere,
Par les doux noms d'Amans, par le ſaint nom de
frere,
Que ce frere, après vous, eſt toujours, à mes yeux,
Le plus cher des mortels, & le plus précieux.
Lorſqu'à mes ennemis ſa valeur fut livrée,
Ma tendreſſe en ſouffrit ſans en être altérée :
Sa mort m'accablerait des plus horribles coups;
Et pour m'en conſoler mon cœur n'aurait que vous.
Mais en croit trop ici l'aveugle renommée :
Son infidelle voix vous a mal informée.
Si mon frere était mort, doutez-vous que ſon Roi,
Pour m'apprendre ſa perte, eût dépêché vers moi ?
Ceux que le Ciel forma d'une race ſi pure,
Au milieu de la guerre écoutant la nature ;
Et protecteurs des loix que l'honneur doit dicter,
Même en ſe combattant, ſçavent ſe reſpecter,

A sa perte, en un mot , donnons moins de créance.
Un bruit plus vraisemblable & m'afflige & m'of-
    fense.
On dit que vers ces murs il a porté ses pas.

          ADÉLAÏDE.

Seigneur , il est vivant ?

              VENDOSME.

                    Je lui pardonne, hélas !
Qu'au parti de son Roi, son intérêt le range ;
Qu'il le défende ailleurs , & qu'ailleurs il le venge ;
Qu'il triomphe pour lui , je le veux , j'y consens :
Mais se mêler ici parmi les assiégeans,
Me chercher, m'attaquer, moi , son ami , son frere !

          ADÉLAÏDE.

Le Roi le veut sans doute.

            VENDOSME.

                    Ah ! destin trop contraire !
Se pourrait-il qu'un frere élevé dans mon sein,
Pour mieux servir son Roi, levât sur moi sa main ?
Lui , qui devrait plutôt, temoin de cette fête ,
Partager , augmenter mon bonheur qui s'apprête.

            ADÉLAÏDE.

Lui ?

          VENDOSME.

C'est trop d'amertume en des momens si doux.
Malheureux par un frere, & fortuné par vous ,
Tout entier à vous seule, & bravant tant d'allarmes ,
Je ne veux voir que vous , mon hymen & vos
    charmes.
Qu'attendez-vous ? Donnez à mon cœur éperdu
Ce cœur que j'idolâtre , & qui m'est si bien dû.

ADÉLAÏDE.

Seigneur, de vos bienfaits mon ame est pénétrée ;
La mémoire à jamais m'en est chere & sacrée.
Mais c'est trop prodiguer vos augustes bontés,
C'est mêler trop de gloire à mes calamités ;
Et cet honneur...

VENDOSME.

Comment ! ô ici ! qui vous arrête?

ADÉLAÏDE.

Je dois....

SCENE IV.

LE DUC DE VENDOSME, ADELAIDE, TAISE, COÜCI, SOLDATS.

COÜCI.

PRince, il est tems ; marchez à notre tête.
Déjà les ennemis sont aux pieds des remparts ;
Echauffez nos Guerriers du feu de vos regards.
Venez vaincre.

VENDOSME.

Ah ! courons ... Dans l'ardeur qui me presse.
Quoi ! vous n'osez d'un mot rassurer ma tendresse !
Vous détournez les yeux, vous tremblez, & je voi
Que vous cachez des pleurs qui ne sont pas pour moi.

COÜCI.

Le tems presse.

VENDOSME.

Il est tems que Vendôme périsse :
Il n'est point de Français que l'amour avilisse.

Amants aimés , heureux, ils cherchent les combats ;
Ils courent à la gloire, & je vole au trépas.
Marchons, brave Couci ; la mort la plus cruelle,
La mort que je defire eft moins barbare qu'elle.

ADÉLAÏDE.

Ah ! Seigneur , modérez cet injufte courroux.
Autant que je le dois, je m'intéreffe à vous.
J'ai payé vos bienfaits , mes jours, ma délivrance,
Par tous les fentimens qui font en ma puiffance :
Senfible à vos dangers, je plains votre valeur.

VENDOSME.

Ah ! que vous fçavez bien le chemin de mon cœur !
Que vous fçavez mêler la douceur à l'injure !
Un feul mot m'accablait, un feul mot me raffure.
Content, rempli de vous , j'abandonne ces lieux,
Et crois, voir ma victoire écrite dans vos yeux.

SCENE V.

ADÉLAÏDE, TAÏSE.
TAÏSE.

Vous voyez fans pitié fa tendreffe allarmée ?

ADÉLAÏDE.

Eft-il bien vrai ? Nemours ferait-il dans l'armée ?
O Difcorde ! ô dangers ! Amour plus dangereux,
Que vous coûterez cher a ce cœur malheureux !

Fin du premier Acte.

ACTE II.

SCENE PREMIÉRE.

VENDOSME, COUCI,
GARDES *dans le fond.*

VENDOSME.

Nous périssions sans vous, Couci, je le confesse :
Vos conseils ont guidé ma fougueuse jeunesse :
C'est vous, dont l'esprit ferme & les yeux pénétrans
M'ont porté des secours en cent lieux différens.
Que n'ai-je comme vous ce tranquille courage,
Si froid dans le danger, si calme dans l'orage ?
Couci m'est nécessaire aux Conseils, aux combats ;
Et c'est a sa grande ame à diriger mon bras.

COUCI.

Prince, ce feu guerrier qu'en vous on voit paraître,
Sera maître de tout, quand vous en serez maître :
Vous l'avez sçu régler & vous avez vaincu.
Ayez dans tous les tems cette utile vertu.

Qui fçait fe poffëder, peut commander au Monde.
Pour moi, de qui le bras faiblement vous féconde ;
Je connais mon devoir , & je vous ai fuivi.
Dans le feu du combat je vous ai peu fervi.
Nos Guerriers fur vos pas marchaient à la victoire :
Et fuivre les Bourbons, c'eft voler à la gloire.
Vous feul , Seigneur, vous feul avez fait prifonnier
Le chef des Affaillans , ce fuperbe Guerrier ;
Vous l'avez pris vous-même ; & , maître de fa vie,
Vos fecours l'ont fauvé de fa propre furie.

VENDOSME.

D'où vient donc, cher Couci , que cet audacieux
Sous fon cafque fermé fe cachait à mes yeux ?
D'où vient qu'en le prenant, qu'en faififfant fes armes,
J'ai fenti malgré moi de nouvelles allarmes ?
Un je ne fçais quel trouble en moi s'eft elevé ;
Soit que ce trifte amour dont je fuis captivé ,
Sur mes fens égarés répandant fa tendreffe ,
Jufqu'au fein des combats m'ait prêté fa faibleffe ;
Qu'il ait voulu marquer toutes mes actions
Par la molle douceur de fes impreffions :
Soit plutôt que la voix de ma trifte Patrie
Parle encore en fecret au cœur qui l'a trahie ;
Qu'elle condamne encor mes funeftes fuccès,
Et ce bras qui n'eft teint que du fang des Français.

COUCI.

Je prévois que bientôt cette guerre fatale ,
Ces troubles inteftins de la Maifon Royale ,
Ces triftes factions céderont au danger
D'abandonner la France au Fils de l'étranger.
Je vois que de l'Anglais la race eft peu chérie ,
Que fon joug eft pefant ; qu'on aime la Patrie ;
Que le fang des Capets eft toujours adoré.
Tôt ou tard il faudra que de ce trone facré

Les

Les rameaux divifés & courbés par l'orage,
Plus unis & plus beaux, foient notre unique om-
    brage.
Nous, Seigneur, n'avons-nous rien à nous repro-
    cher?
Le Sort au Prince Anglais voulut vous attacher ;
De votre fang, du fien la querelle eft commune :
Vous fuivez fon parti, je fuis votre fortune ;
Comme vous aux Anglais le Deftin m'a lié ;
Vous par le droit du fang, moi par notre amitié..
Permettez-moi ce mot..... Eh quoi ! votre ame
    émue.....

VENDOSME.

Ah! voilà ce Guerrier qu'on amène à ma vue.

SCENE II.

**VENDOSME, COUCI, LE DUC
DE NEMOURS,** (*foutenu fur Dangefte,
ou fon Ecuyer,* **SOLDATS**).

VENDOSME.

IL foupire ; il paraît accablé de regrets.

COUCI.

Son fang fur fon vifage a confondu fes traits.
Il eft bleffé fans doute.

NEMOURS, (*dans le fond*).

Entreprife funefte,
Qui de ma trifte vie arrachera le refte,
Où me conduifez-vous ?

B

VENDOSME.

Devant votre vainqueur,
Qui sait d'un ennemi respecter la valeur.
Venez, ne craignez rien.

NEMOURS, *vers son Ecuyer.*

Je ne crains que de vivre.
Sa présence m'accable, & je ne puis poursuivre ;
Il ne me connaît plus, & mes sens attendris.....

VENDOSME.

Qu'entends-je? & quels accens ont frappé mes esprits?

NEMOURS, *le regardant.*

M'as-tu pu méconnaître ?

VENDOSME.

Ah ! Nemours ! ah ! mon Frere !

NEMOURS.

Ce nom jadis si cher, ce nom me désespere ;
Je ne le suis que trop ce Frere infortuné,
Ton ennemi vaincu, ton captif enchaîné.

VENDOSME.

Tu n'es plus que mon Frere. Ah ! moment plein de
charmes !
Ah ! laisse-moi laver ton sang avec mes larmes.
(*à sa suite*).
Avez-vous par vos soins. ....

NEMOURS.

Oui, leurs cruels secours
Ont arrêté mon sang, ont veillé sur mes jours,
De la mort que je cherche ont écarté l'approche.

VENDOSME.

Ne te détourne point, ne crains point mon reproche;
Mon cœur te fut connu ; peux-tu t'en défier ?
Le bonheur de te voir me fait tout oublier.

J'euſſe aimé contre un autre à montrer mon courage ;
Nemours, que je te plains !

NEMOURS.

Je te plains davantage,
De haïr ton pays, de trahir ſans remords
Et le Roi qui t'aimait & le ſang dont tu ſors.

VENDOSME.

Arrête, épargne-moi l'infâme nom de traître :
A cet indigne mot je m'oublierais peut-être.....
Ne corromps point ainſi la joie & les douceurs
Que ce tendre moment doit verſer dans nos cœurs,
Dans ce jour malheureux que l'amitie l'emporte.

NEMOURS.

Quel jour !

VENDOSME.

Je le bénis.

NEMOURS.

Il eſt affreux.

VENDOSME.

N'importe ;
Tu vis, je te revois, & je ſuis trop heureux :
O Ciel ! de tous côtés vous rempliſſez mes vœux.

NEMOURS.

Je le crois. On diſait que d'un amour extrême,
Violent, effréné (car c'eſt ainſi qu'on aime)
Ton cœur depuis trois mois s'occupait tout entier.

VENDOSME.

J'aime, oui, la Renommée a pu le publier ;
Oui, j'aime Adélaïde, & pour ſon alliance
Il ſemblait que ma flamme attendît ta préſence.

NEMOURS, *(à part)*.

Qu'entends-je ?....Il est donc vrai......

VENDOSME, *(à un Officier)*.

Qu'on la fasse avertir ;
Mon Frere est avec moi, qu'elle daigne venir.
(à Nemours).
Ne blâme point l'amour où ton Frere est en proie.
Pour me justifier, il suffit qu'on la voie.

NEMOURS.

Cruel ! elle vous aime ?

VENDOSME.

Elle le doit du moins :
Après tant de tendresse, & d'hommage & de soins,
Il faudrait que son cœur fût injuste & barbare.

NEMOURS, *(à part)*.

Quels effroyables coups le cruel me prépare !
(haut).
Ecoute, à ma douleur ne veux-tu qu'insulter ?
Me connais tu ? sçais-tu ce que j'ose attenter ?
Dans ces funestes lieux sçais-tu ce qui m'amene ?

VENDOSME.

Oublions ces sujets de discorde & de haine.

SCENE III.

VENDOSME, COUCI, LE DUC DE NEMOURS, DANGESTE, ADELAÏDE, SOLDATS.

ADÉLAÏDE.

LE voici, malheureuse! ah! cache au moins tes
pleurs.

NEMOURS, (*entre les bras de son Ecuyer*).

Adélaïde! ô Ciel!... C'en eſt fait, je me meurs.

VENDOSME.

Que vois-je? ſa bleſſure à l'inſtants'eſt r'ouverte!
Son ſang coule!

NEMOURS.

Eſt-ce à toi de prévenir ma perte?

VENDOSME.

Ah! mon Frere!

NEMOURS.

Ote-toi; je chéris mon trépas?

ADÉLAÏDE.

Ciel! Nemours!...

NEMOURS, (*à Vendôme*).

Laiſſe-moi.

VENDOSME.

Je ne te quitte pas.

B iij

SCENE IV.

ADELAÏDE, TAISE,

ADÉLAÏDE.

ON l'emporte : il expire ! il faut que je le suive.

TAÏSE.

Ah ! que cette douleur se taise & se captive.
Plus vous l'aimez, Madame , & plus il faut songer
Qu'un rival violent....

ADÉLAÏDE.

     Je songe à son danger;
Voilà ce que l'amour , & mon malheur lui coûte!
Taïse , c'est pour moi qu'il combattait sans doute ;
C'est moi que dans ces murs il osait secourir :
Il servait Charles-Sept ; il m'allait conquérir.
Quel prix de tant de soins ! quel fruit de sa constance!
Hélas ! mon tendre amour accusait son absence :
Je demandais Nemours , & le Ciel me le rend ;
J'ai revu ce que j'aime , & l'ai revu mourant !
Ces lieux sont teints du sang qu'il versait à ma vue!
Ah ! Taïse , est-ce ainsi que je lui suis rendue ?
Va le trouver ; va , cours auprès de mon amant.

TAÏSE.

Ah ! ne craignez-vous pas que tant d'empressement
N'ouvre les yeux jaloux d'un Prince qui vous aime ?
Tremblez de découvrir....

ADÉLAÏDE.

     J'y volerai moi-même.

D'une autre main, Taïfe, il reçoit des fecours.
Un autre a le bonheur d'avoir foin de fes jours.
Il faut que je le voye , & que de fon amante
La faible main s'unifie à fa main défaillante ....
Helas ! des mêmes coups nos deux cœurs penétrés ....

T A Ï S E.

Au nom de cet amour , arrêtez , demeurez ;
Reprenez vos efprits.

A D É L A Ï D E.

Rien ne peut me diftraire ...

S C E N E V.

ADELAIDE, TAISE, VENDOSME.

A D É L A Ï D E.

AH ! Prince , en quel état laiffez-vous votre Frere ?

V E N D O S M E.

Madame , par mes mains fon fang eft arrêté :
Il a repris fa force & fa tranquillité.
Je fuis le feul à plaindre , & le feul en allarmes.
Je mouille en frémiffant mes Lauriers de mes larmes :
Et je hais ma victoire & mes profpérités ,
Si je n'ai par mes foins vaincu vos cruautés ;
Si votre incertitude , allarmant mes tendreffes ,
Ofe encor démentir la foi de vos promeffes.

A D É L A Ï D E.

Je ne vous promis rien ; vous n'avez point ma foi ;
Et la reconnaiffance eft tout ce que je doi.

B iv

VENDOSME.

Quoi ! lorfque de mà main je vous offrais l'hommage . . .

ADÉLAÏDE.

D'un fi noble préfent j'ai vu tout l'avantage :
Et , fans chercher ce rang qui ne m'était pas dû ,
Par de juftes réfpects je vous ai répondu.
Vos bienfaits , votre amour , & mon amitié même ,
Tout vous flattait fur moi d'un empire fuprême ;
Tout vous a fait penfer qu'un rang fi glorieux ,
Préfenté par vos mains , éblouirait mes yeux :
Vous vous trompiez. Il faut rompre enfin le filence ;
Je vais vous offenfer , je me fais violence ;
Mais réduite à parler , je vous dirai , Seigneur ,
Que l'amour de mes Rois eft gravé dans mon cœur.
De votre fang au mien je vois la différence :
Mais celui dont je fors a coulé pour la France.
Ce digne Connétable en mon cœur a tranfmis
La haine qu'un Français doit à fes ennemis ;
Et fa nièce jamais n'acceptera pour maître
L'Allié des Anglais , quelque grand qu'il puiffe être.
Voilà les fentimens que fon fang m'a tracés ;
Et s'ils vous font rougir , c'eft vous qui m'y forcez.

VENDOSME.

Je fuis , je l'avouerai , furpris de ce langage ;
Je ne m'attendais pas à ce nouvel outrage ,
Et n'avais pas prévu que le Sort en courroux ,
Pour m'accabler d'affronts , dût fe fervir de vous.
Vous avez fait , Madame , une fecrette étude
Du mépris , de l'infulte & de l'ingratitude ;
Et votre cœur enfin , lent à fe déployer ,
Hardi par ma faibleffe , a paru tout entier.
Je ne connaiffais pas tout ce zèle héroïque ,
Tant d'amour pour vos Rois , & tant de politique.

Mais, vous qui m'outragez, me connaissez-vous
    bien ?
Vous reste-t-il ici de parti que le mien ?
Vous qui me devez tout, vous qui, sans ma défense,
Auriez de ces Français assouvi la vengeance,
De ces mêmes Français, à qui vous vous vantez
De conserver la foi d'un cœur que vous m'ôtez ;
Vous qui me tenez lieu de Rois & de Patrie ;
Vous dont les jours,..

ADÉLAïDE.

       Je sçais que je vous dois la vie :
Mais, Seigneur, mais, hélas ! n'en puis-je disposer ?
Me la conservez-vous pour la tyranniser ?

VENDOSME.

Je deviendrai tyran ; mais moins que vous, cruelle.
Mes yeux lisent trop bien dans votre ame rebelle :
Tous vos prétextes faux m'apprennent vos raisons ;
Je vois mon dèshonneur ; je vois vos trahisons.
Quel que soit l'insolent que ce cœur me préfère,
Redoutez mon amour, tremblez de ma colere ;
C'est lui seul désormais que mon bras va chercher,
De son cœur tout sanglant j'irai vous arracher :
Et si, dans les horreurs du sort qui nous accable,
De quelque joie encor ma fureur est capable,
Je la mettrai, perfide, à vous désespérer.

ADÉLAïDE.

Non, Seigneur ; la raison sçaura vous éclairer :
Non ; votre ame est trop noble ; elle est trop élevée,
Pour opprimer ma vie après l'avoir sauvée.
Mais si votre grand cœur s'avilissait jamais
Jusqu'à persécuter l'objet de vos bienfaits ;
Sçachez que ces bienfaits, vos vertus, votre gloire,
Plus que vos cruautés vivront dans ma mémoire.

Je vous plains, vous pardonne , & veux vous res-
    pecter :
Je vous ferai rougir de me persécuter :
Et je conserverai , malgré votre menace,
Une ame sans courroux , sans crainte & sans audace.

VENDOSME.

Arrêtez ; pardonnez aux transports égarés ,
Aux fureurs d'un amant que vous désespérez.
Je vois trop qu'avec vous Couci d'intelligence
D'une Cour qui me hait embrasse la défense ;
Que vous voulez tous deux m'unir à votre Roi,
Et de mon sort enfin disposer malgré moi :
Vos discours sont les siens. Ah ! parmi tant d'allarmes,
Pourquoi recourez-vous à ces nouvelles armes ?
Pour gouverner mon cœur , l'asservir , le changer ,
Aviez-vous donc besoin d'un secours étranger ?
Aimez , il suffira d'un mot de votre bouche.

ADÉLAÏDE.

Je ne vous cache point que du soin qui me touche ,
A votre ami , Seigneur , mon cœur s'était remis :
Je vois qu'il a plus fait qu'il ne m'avait promis.
Ayez pitié des pleurs que mes yeux lui confient ;
Vous les faites couler , que vos mains les essuient ;
Devenez assez grand pour apprendre à dompter
Des feux que mon devoir me force à rejetter.
Laissez-moi toute entiere à la reconnaissance.

VENDOSME.

Le seul Couci sans doute a votre confiance ?
Mon outrage est connu , je sçais vos sentimens.

ADÉLAÏDE.

Vous les pourrez, Seigneur , connaître avec le tems ;
Mais vous n'aurez jamais le droit de les contraindre ,
Ni de les condamner , ni même de vous plaindre.

D'un Guerrier généreux j'ai recherché l'appui ;
Imitez fa grande ame , & penfez comme lui.

SCENE VI.

VENDOSME, (*feul*).

EH bien ! c'en eft donc fait ! l'ingrate, la parjure ,
A mes yeux, fans rougir, étale mon injure !
De tant de trahifons l'abyfme eft découvert :
Je n'avais qu'un ami , c'eft lui feul qui me perd.
Amitié , vain phantôme , ombre que j'ai chérie,
Toi qui me confolais des malheurs de ma vie ;
Bien que j'ai trop aimé, que j'ai trop méconnu ;
Tréfor cherché fans ceffe , & jamais obtenu ;
Tu m'as trompe, cruelle , autant que l'Amour même ;
Et maintenant , pour prix de mon erreur extrême ,
Détrompé des faux biens trop faits pour me charmer,
Mon deftin me condamne à ne plus rien aimer.
Le voilà cet ingrat , qui, fier de fon parjure ,
Vient encor de fes mains déchirer ma bleffure.

SCENE VII.

COUCI, VENDOSME.

COUCI.

PRince, me voilà prêt : difpofez de mon bras.
Mais d'où naît à mes yeux cette étrange embarras ?
Quand vous avez vaincu, quand vous fauvez un
    Frere,
Heureux de tous côtés, qui peut donc vous déplaire ?

VENDOSME.

Je fuis défefpéré, je fuis haï, jaloux.

COUCI.

Eh bien ! de vos foupçons quel eft l'objet ? qui ?

VENDOSME.

Vous ,
Vous, dis-je ; du refus qui vient de me confondre,
C'eft vous, ingrat ami, qui devez me répondre :
Je fçais qu'Adélaïde ici vous a parlé,
En vous nommant à moi la perfide a tremblé ;
Vous affectez fur elle un odieux filence,
Interprète muet de votre intelligence.
Elle cherche à me fuir, & vous à me quitter.
Je crains tout, je crois tout.

COUCI.

Voulez-vous m'écouter ?

VENDOSME.

Je le veux.

COUCI.

Penfez-vous que j'aime encor la gloire ?
M'eftimez-vous encore ? & pourrez-vous me croire ?

VENDOSME.

Oui, jufqu'à ce moment je vous crus vertueux,
Je vous crus mon ami.

COUCI.

Ces titres glorieux
Furent toujours pour moi l'honneur le plus infigne,
Et vous allez juger fi mon ame en eft digne.
Sçachez qu'Adélaïde avait touché mon cœur,
Avant que de fes jours heureux libérateur

Vous eussiez par vos soins, par cet amour sincere,
Sur-tout par vos bienfaits, tant de droits de lui plaire.
Moi, plus *Soldat* que tendre, & dédaignant tou-
    jours
Ce grand art de séduire inventé dans les Cours,
Ce langage flatteur & souvent si perfide,
Peu fait pour mon esprit, peut-être trop rigide;
Je lui parlai d'hymen, & ce nœud respecté
Resserré par l'estime & par l'égalité,
Aurait pu lui former des destins plus propices
Qu'un rang plus élevé, mais sur des précipices.
Hier avant la nuit je vins dans vos remparts,
Tout votre cœur parut à mes premiers regards:
De cet ardent amour la nouvelle semée
Par vos emportemens me fut trop confirmée:
Je vis de vos chagrins les funestes accès;
J'en approuvai la cause & j'en blâmai l'excès.
Aujourd'hui j'ai revu cet objet de vos larmes;
D'un œil indifférent j'ai regardé ses charmes:
Libre & juste auprès d'elle, à vous seul attaché,
J'ai fait valoir les feux dont vous êtes touché:
J'ai de tous vos bienfaits rappellé la mémoire,
L'éclat de votre rang, celui de votre gloire;
Sans cacher vos défauts, vantant votre vertu;
Et pour vous contre moi j'ai fait ce que j'ai dû:
Je m'immole à vous seul, & je me rends justice:
Et si ce n'est assez d'un si grand sacrifice;
S'il est quelque rival qui vous ose outrager,
Tout mon sang est à vous, & je cours vous venger.

VENDOSME.

Ah! généreux ami, qu'il faut que je révere,
Oui, le Destin dans toi me donne un second Frere:
Je n'en étais pas digne, il le faut avouer.
Mon cœur.....

COUCI.

Aimez-moi, Prince, au lieu de me louer;

Et fi vous me devez quelque reconnaiffance,
Faites votre bonheur, il eft ma récompenfe.
Vous voyez quelle ardente & fière inimitié
Votre Frere nourrit contre votre allié.
Le Bourguignon, l'Anglais, dans leur trifte alliance,
Ont creufé par nos mains les tombeaux de la France;
Votre fort eft douteux, vos jours font prodigués
Pour nos vrais ennemis qui nous ont fubjugués.
Songez qu'il a fallu trois cens ans de conftance
Pour fapper par degrés cette vafte Puiffance;
Le Dauphin vous offrait une honorable paix.

VENDOSME.

Non, de fes favoris je ne l'aurai jamais;
Ami, je hais l'Anglais, mais je hais davantage
Ces lâches Confeillers dont la faveur m'outrage:
Ce fils de Charles-Six, cette odieufe Cour,
Ces maîtres infolens m'ont aigri fans retour;
De leurs fanglans affronts mon ame eft trop frappée;
Contre Charle, en un mot, quand j'ai tiré l'Epée,
Ce n'eft pas, cher Couci, pour la mettre à fes pieds,
Pour baiffer dans la Cour nos fronts humiliés,
Pour fervir lâchement un Miniftre arbitraire.

COUCI.

Non, c'eft pour obtenir une paix néceffaire.
Gardez d'être réduit au hafard dangereux
Que les Chefs de l'État ne trahiffent leurs vœux:
Paffez les en prudence auffi-bien qu'en courage;
De cet heureux moment prenez tout l'avantage.
Gouvernez la fortune, & fçachez l'affervir;
C'eft perdre fes faveurs que tarder d'en jouir;
Ses retours font frequens, vous devez les connaître:
Il eft beau de donner la paix à votre maître:
Son égal aujourd'hui, demain dans l'abandon,
Vous vous verrez réduit à demander pardon.

La gloire vous conduit, que la raifon vous guide.
VENDOSME.

Brave & prudent Couci, crois-tu qu'Adélaïde
Dans fon cœur amolli partagerait mes feux,
Si le même parti nous uniffait tous deux ?
Penfes-tu qu'à m'aimer je pourrais la réduire ?
COUCI.

Dans le fond de fon cœur je n'ai point voulu lire ;
Mais qu'importe pour vous fes vœux & fes deffeins ?
Faut- il que l'amour feul faffe ici nos deftins ?
Lorfque Philippe-Augufte , aux plaines de Bovines ,
De l'Etat déchiré répara les ruines ;
Quand fon bras arrêta dans nos champs inondés
De l'Empire Germain les torrens débordés,
Tant d'honneurs étaient-ils l'effet de fa tendreffe ?
Sauva-t il fon pays pour plaire à fa maitreffe ?
Verrai je un fi grand cœur à ce point s'avilir ?
Le falut de l'Etat dépend-il d'un foupir ?
Aimez , mais en héros qui maitrife fon ame,
Qui gouverne à la fois fes Etats & fa flamme.
Mon bras contre un rival eft prêt à vous fervir :
Je voudrais faire plus , je voudrais vous guérir.
On connaît peu l'amour , on craint trop fon amorce ;
C'eft fur nos lâchetés qu'il a fondé fa force ;
C'eft nous qui fous fon nom troublons notre repos :
Il eft tyran du faible , efclave du héros.
Puifque je l'ai vaincu , puifque je le dedaigne,
Dans l'ame d'un Bourbon fouffrirez-vous qu'il règne ;
Vos autres ennemis font par vous abbattus ;
Et vous devez en tout l'exemple des vertus.
VENDOSME.

Le fort en eft jetté , je ferai tout pour elle ;
Il faut bien à la fin défarmer la cruelle.

Ses loix feront mes loix ; fon Roi fera le mien ;
Je n'aurai de parti, de maître que le fien.
Enfin plus de prétexte à fes refus injuftes ;
Raifons, gloire, intérêts, & tous ces droits auguftes
Des Princes de mon fang & de mes Souverains,
Sont des liens facrés réfterrés par fes mains.
Du Roi, puifqu'il le faut, foutenons la couronne
La Vertu le confeille, & la Beauté l'ordonne.
Je veux entre tes mains, dans ce fortuné jour,
Sceller tous les fermens que je fais à l'Amour.
Quant à mes intérêts, que toi feul en décide.

C O U C I.

Souffrez donc près du Roi que mon zéle me guide.
Peut-être il eût fallu qu'un fi grand changement
Ne fût dû qu'au héros & non pas à l'amant :
Mais fi d'un fi grand cœur une femme difpofe,
L'effet en eft trop beau pour en blâmer la caufe ;
Et mon cœur, tout rempli de cet heureux retour,
Bénit votre faibleffe & rend grace à l'Amour.

Fin du deuxième Acte.

ACTE

ACTE III.

SCENE PREMIERE.

NEMOURS, DANGESTE.

NEMOURS.

COmbat infortuné ! Deſtin qui me pourſuit !
O mort, mon ſeul recours ! douce mort qui me fuit !
Ciel ! n'as-tu conſervé la trame de ma vie
Que pour tant de malheurs & tant d'ignominie ?
Adélaïde.....au moins pourrai-je la revoir ?

DANGESTE.

Vous la verrez, Seigneur.

NEMOURS.

       Ah ! mortel déſeſpoir !
Elle oſe me revoir, & moi je le ſouhaite !

DANGESTE.

Seigneur, en quel état votre douleur vous jette !
Vos jours ſont en péril ; & ce ſang agité.....

NEMOURS.

Mes déplorables jours ſont trop en ſûreté ;
Ma bleſſûre eſt légère ; elle m'eſt inſenſible :
Que celle de mon cœur eſt profonde & terrible !

DANGESTE.

Rendez graces au Ciel de ce qu'il a permis
Que vous ayez trouvé de ſi chers ennemis.

C

Il eſt dur de tomber dans des mains étrangères :
Vous êtes priſonnier du plus tendre des freres.

NEMOURS.

Mon frere !.... ah ! malheureux !

DANGESTE.

Il vous était lié
Par les nœuds les plus ſaints d'une tendre amitié.
Que n'éprouvez - vous point de ſa main ſecou-
rable ?

NEMOURS.

Sa fureur m'eût flatté ; ſon amitié m'accable.

DANGESTE.

Quoi ! pour être engagé dans d'autres intérêts,
Le haïſſez-vous tant ?

NEMOURS.

Je l'aime , & je me hais.
Et dans les paſſions de mon ame éperdue
La voix de la Nature eſt encore entendue.

DANGESTE.

Si contre un frere aimé vous avez combattu,
J'en ai vu quelque tems gémir votre vertu ;
Mais le Roi l'ordonnait , & tout vous juſtifie :
L'entrepriſe était juſte auſſi bien que hardie.
Je vous ai vu remplir, dans cet affreux combat,
Tous les devoirs d'un Chef & tous ceux d'un Sol-
dat ;
Et vous avez rendu par des faits incroyables
Votre défaite illuſtre & vos fers honorables :
On a perdu bien peu quand on garde l'honneur.

NEMOURS.

Non, ma défaite, ami, ne ſait point mon malheur

Du Guefclin, des Français l'amour & le modèle,
Aux Anglais fi terrible, à fon Roi fi fidèle,
Vit fes honneurs flétris par de plus grands revers :
Deux fois fa main puiffante a langui dans les fers :
Il n'en fut que plus grand, plus fier & plus à crain-
      dre ;
Et fon vainqueur tremblant fut bien-tôt feul à plain-
      dre.
Du Guefclin, nom facré, nom toujours précieux,
Quoi ! ta coupable Nièce évite encor mes yeux !
Sans doute elle a raifon de craindre mes reproches.
Ainfi donc, cher Dangefte, elle fuit tes approches ?
Tu n'as pu lui parler ?

D A N G E S T E.

        Seigneur, je vous ai dit
Que bientôt.....

N E M O U R S.

       Ah ! pardonne à mon cœur interdit ;
Trop chere Adélaïde ! Eh ! bien, quand tu l'as vue,
Parle, à mon nom du moins paraiffait-elle émue ?

D A N G E S T E.

Votre fort en fecret paraiffait la toucher :
Elle verfait des pleurs, & voulait les cacher.

N E M O U R S.

Elle pleure, & m'outrage ! Elle pleure & m'opprime
Son cœur, je le vois bien, n'eft pas né pour le
      crime.
Pour me facrifier elle aura combattu :
La trahifon la gêne & pêfe à fa vertu.
Faible foulagement à ma fureur jaloufe !
T'a-t-on dit en effet que mon frere l'époufe ?

C ij

DANGESTE.

S'il s'en vantait lui-même, en pourriez-vous douter ?

NEMOURS.

Il l'épouse ! (*appercevant Adélaïde*).
            A ma honte elle vient insulter !
Ah Dieu !

SCENE II.

NEMOURS, DANGESTE, ADELAIDE.

ADÉLAÏDE.

L E Ciel vous rend à mon ame attendrie :
En veillant sur vos jours il conserva ma vie.
Je vous revois, Seigneur, & mon cœur empressé. . . .
Juste Ciel ! Quels regards, & quel accueil glacé !

NEMOURS.

L'intérêt qu'à mes jours vos bontés daignent pren-
            dre,
Est d'un cœur généreux ; mais il doit me surprendre :
Vous aviez en effet besoin de mon trépas ;
Mon rival plus tranquille eût passé dans vos bras :
Libre dans vos amours, & sans inquiétude,
Vous jouïriez en paix de votre ingratitude ;
Et les remords honteux qu'elle traîne après soi,
S'il peut vous en rester, périssaient avec moi.

ADÉLAÏDE.

Hélas ! que dites-vous ? quelle fureur subite. . . .

NEMOURS.

Non, votre changement n'est pas ce qui m'irrite.

ADÉLAÏDE.

Mon changement ! Nemours !

NEMOURS.

A vous feule affervi,
Je vous aimais trop bien, pour n'être point trahi ;
C'eft le fort des amans, & ma honte eft commune.
Mais que vous infultiez vous même à ma fortune ;
Qu'en ces murs, où vos yeux ont vû couler mon fang,
Vous acceptiez la main qui m'a percé le flanc ;
Et que vous ajoutiez à l'horreur qui m'accable,
D'une fauffe pitié l'affront infupportable ;
Qu'à mes yeux . . . . . .

ADÉLAÏDE.

Ah ! plutôt donnez-moi le trépas,
Immolez votre amante, & ne l'accufez-pas.
Mon cœur n'eft point armé contre votre colère,
Cruel ; & vos foupçons manquaient à ma mifère.
Ah ! Nemours ! de quels maux vos jours empoifon-
nés. . . . .

NEMOURS.

Vous me plaignez, cruelle, & vous m'abandonnez !

ADÉLAÏDE.

Je vous pardonne, hélas ! cette fureur extrême ;
Tout, jufqu'à vos foupçons : jugez fi je vous aime.

NEMOURS.

Vous m'aimeriez . . . . qui ? vous ! Et Vendôme à
l'inftant
Entoure de flambeaux l'autel qui vous attend !
Lui-même il m'a vanté fa gloire & fa conquête :
Le barbare ! il m'invite à cette horrible fête.
Que plutôt. . . .

ADÉLAÏDE.

Ah ! cruel ! me faut-il employer
Les momens de vous voir à me juftifier !
Votre Frere, il eft vrai, perfécute ma vie,
Et par fon fol amour & par fa jaloufie,
Et par l'emportement dont je crains les effets,
Et, le dirai-je encor, Seigneur, par fes bienfaits :
Mais j'attefte le Ciel, témoin de ma conduite.....
Eh ! pourquoi l'attefter ? Nemours, fuis-je réduite,
Pour vous perfuader de fi vrais fentimens,
Au fecours inutile & honteux des fermens ?
Non, non ; vous connaiffez le cœur d'Adélaïde ;
C'eft vous qui conduifez ce cœur faible & timide.

NEMOURS.

Mais mon Frere vous aime.

ADÉLAÏDE.

Ah ! n'en redoutez rien.

NEMOURS.

Il fauva vos beaux jours.

ADÉLAÏDE.

Il fauva votre bien.
Dans Cambrai, je l'avoue, il daigna me défendre ;
Au Roi que nous fervons il promit de me rendre ;
Et mon cœur fe plaifait, trompé par mon amour,
Puifqu'il eft votre Frere, à lui devoir le jour.
Mais bientôt abufant de ma reconnaiffance,
Et de fes vœux hardis écoutant l'efpérance,
Il regarda mes jours, ma liberté, ma foi,
Comme un bien de conquête & qui n'eft plus
          à moi.
J'ai répondu, Seigneur, à fa flamme funefte
Par un refus conftant, mais tranquille & moaefte,

Et mêlé du respect que je devrai toujours
A mon libérateur, au Frere de Nemours.
Mais mon respect l'enflamme, & mon refus l'irrite;
J'anime, en l'évitant, l'ardeur de sa poursuite :
Enflé de sa victoire, & teint de votre sang,
Il m'ose offrir la main qui vous perça le flanc.
Qu'il est loin, juste Dieu! de penser que ma vie,
Que mon ame à la vôtre est pour jamais unie,
Que vous causez les pleurs dont mes yeux sont
     chargés,
Que mon cœur vous adore & que vous m'outragez !
Oui, vous êtes tous deux formés pour mon supplice,
Lui par sa passion, vous par votre injustice;
Vous, Nemours! vous, ingrat! que je vois aujour-
     d'hui
Moins amoureux peut-être, & plus cruel que lui.

NEMOURS.

C'en est trop, pardonnez..... Voyez mon ame en
     proie
A l'amour, aux remords, à l'éxcès de ma joie.
Digne & charmant objet d'amour & de douleur,
Ce jour infortuné, ce jour fait mon bonheur.
Glorieux, satisfait dans un sort si contraire,
Tout captif que je suis j'ai pitié de mon Frere :
Il est le seul à plaindre avec votre courroux;
Et je suis son vainqueur étant aimé de vous.

C iv.

SCENE III.

NEMOURS, DANGESTE, ADELAIDE, VENDOSME.

VENDOSME.

CONNAISSEZ donc enfin jufqu'où va ma ten-
    dreffe,
Et tout votre pouvoir & toute ma faibleffe.
Et vous, mon Frere, & vous, foyez ici témoin
Si l'excès de l'amour peut s'emporter plus loin.
Ce que votre amitié, ce que vo're prière,
Les confeils de Couci, le Roi, la France entiere,
Exigeaient de Vendôme, & qu'ils n'obtenaient pas,
Soumis & fubjugué, je l'offre à fes appas.
Vous avez refufé, vous condamnez, cruelle,
L'hommage d'un Français aux Anglais trop fidèle.
Eh ! bien, il faut céder ; votre maître eft le mien :
De mon Frere & de moi foyez l'heureux lien :
Soyez-le de l'Etat ; & que ce jour commence
Mon bonheur & le vôtre, & la paix de la France.
Vous, courez, mon cher Frere, allez dès cé mo-
    ment
Annoncer à la Cour un fi grand changement.
Moi, fans perdre de tem , dans ce jour d'allegreffe,
Qui m'a rendu mon Roi, mon Frere & ma maitreffe,
D'un bras vraiment Français je vais dans nos rem-
    parts,
Sous nos lys triomphans brifer les Léopards.
Soyez libre, parlez ; & de mes facrifices
Allez offrir au Roi les heureufes prémices.

Puiffé-je à fes genoux préfenter aujourd'hui
Celle qui m'a dompté, qui me ramene à lui,
Qui d'un Prince ennemi fait un Sujet fidèle,
Changé par fes regards & vertueux par elle.

NEMOURS.

(à part).

Il fait ce que je veux, & c'eſt pour m'accabler!
(à Adélaïde).
Prononcez notre arrêt, Madame; il faut parler.

VENDOSME.

Eh quoi! vous demeurez interdite & muette!
De mes foumiſſions êtes vous fatisfaite?
Eſt-ce affez qu'un vainqueur vous implore à genoux?
Faut-il encor ma vie, ingrate? elle eſt à vous;
Vous n'avez qu'à parler, j'abandonne fans peine
Ce fang infortuné profcrit par votre haine.

ADÉLAÏDE.

Seigneur, mon cœur eſt juſte. On ne m'a vu jamais
Méprifer vos bontés & haïr vos bienfaits.
Mais je ne puis penfer qu'à mon peu de puiſſance
Vendôme ait attaché le deſtin de la France;
Qu'il n'ait lu fon devoir que dans mes faibles;
Qu'il ait befoin de moi pour être vertueux.
Vos deſſeins ont fans doute une fource plus pure :
Vous avez confulté le devoir, la Nature;
L'amour a peu de part où doit régner l'honneur.

VENDOSME.

L'amour feul a tout fait, & c'eſt-là mon malheur;
Sur tout autre intérêt ce trifte amour l'emporte.
Accablez-moi de honte, accufez-moi, n'importe,
Duſſé-je vous déplaire & forcer votre cœur,

L'autel est prêt, venez.

NEMOURS.

Vous osez....

ADÉLAÏDE.

Non, Seigneur ;
Avant que je vous cède, & que l'hymen nous lie,
Aux yeux de votre Frere arrachez-moi la vie :
Le Sort met entre nous un obstacle éternel ;
Je ne puis être à vous.

VENDOSME.

Nemours !... Ingrate ! ah Ciel !
C'en est donc fait !.. Mais non... Mon cœur sçait se
        contraindre,
Vous ne méritez pas que je daigne m'en plaindre.
Vous auriez dû peut-être, avec moins de détour,
Dans ses premiers transports étouffer mon amour,
Et par un prompt aveu qui m'eût guéri sans doute,
M'épargner les affronts que ma bonté me coûte :
Mais je vous rends justice ; & ces séductions
Qui vont au fond des cœurs chercher nos passions ;
L'espoir qu'on donne à peine, afin qu'on le saisisse ;
Ce poison préparé des mains de l'artifice,
Sont les armes d'un Sexe aussi trompeur que vain,
Que l'œil de la raison regarde avec dédain ;
Je suis libre par vous. Cet art, que je déteste,
Cet art, qui m'enchaîna, brise un joug si funeste ;
Et je ne prétends pas, indignement épris,
Rougir devant mon Frere, & souffrir des mépris.
Montrez-moi seulement ce rival qui se cache ;
Je lui cède avec joie un poison qu'il m'arrache :
Je vous dédaigne assez tous deux pour vous unir,
Perfide ! & c'est ainsi que je dois vous punir.

A D É L A Ï D E

Je devrais feulement vous quitter & me taire ;
Mais je fuis accufée & ma gloire m'eft chere :
Votre Frere eft préfent ; & mon honneur bleffé
Doit repoufler les traits dont il eft offenfé.
Pour un autre que vous ma vie eft deftinée ;
Je vous en fais l'aveu, je m'y vois condamnée.
Mais je mériterais la haine & le mépris
Du héros dont mon cœur en fecret eft épris,
Si jamais d'un coup d'œil l'indigne complaifance
Avait à votre amour laiffé quelque efpérance.
Vous penfiez que mes vœux, ma liberté, mes jours
Vous étaient affervis pour prix de vos fecours ;
Je vous devais beaucoup : mais une telle offenfe
Ferme à la fin mon cœur à la reconnaiffance.
Sçachez que des bienfaits qui font rougir mon
      front,
A mes yeux indignés ne font plus qu'un affront.
J'ai plaint de votre amour la violence vaine ;
Mais après ma pitié n'attirez point ma haine.
J'ai rejetté vos vœux que je n'ai point bravés ;
J'ai voulu votre eftime, & vous me la devez.

V E N D O S M E.

Je vous dois ma colere ; & fçachez qu'elle égale
Tous les emportemens de mon amour fatale.
Quoi donc ! vous attendiez, pour ofer m'accabler,
Que Nemours fût préfent & me vît immoler !
Vous vouliez ce témoin de l'affront que j'endure !
Allez, je le croirais l'auteur de mon injure,
Si.... Mais il n'a point vu vos funeftes appas :
Mon Frere trop heureux ne vous connaiffait pas.
Nommez donc mon rival ; mais gardez-vous de
      croire
Que mon lâche dépit lui cède la victoire.

Je vous trompais ; mon cœur ne peut feindre long-
    tems :
Je vous traîne à l'autel à ses yeux expirans ;
Et ma main, sur sa cendre, à votre main donnée,
Va tremper dans le sang les flambeaux d'hyménée.
Je sçais trop qu'on a vu, lâchement abusés,
Pour des mortels obscurs des Princes méprisés ;
Et mes yeux perceront dans la foule inconnue
Jusqu'à ce vil objet qui se cache à ma vue.

NEMOURS.

Pourquoi d'un choix indigne osez-vous l'accuser ?

VENDOSME.

Et pourquoi vous, mon Frere, osez-vous l'excuser ?
Est-il vrai que de vous elle était ignorée ?
Ciel ! à ce piége affreux ma foi serait livrée !
Tremblez.

NEMOURS.

    Moi, que je tremble ! ah ! j'ai trop dévoré
L'inexprimable horreur où toi seul m'as livré.
J'ai forcé trop long-temps mes transports au silence ;
Connais-moi donc, barbare, & remplis ta vengeance.
Connais un désespoir à tes fureurs égal :
Frappe, voilà mon cœur & voilà ton rival.

VENDOSME.

Toi, cruel ! toi, Nemours !

NEMOURS.

    Oui, depuis deux années,
L'amour la plus secrette a joint nos destinées.
C'est toi dont les fureurs ont voulu m'arracher
Le seul bien sur la terre où j'ai pu m'attacher :
Tu fais depuis trois mois les horreurs de ma vie ;
Les maux que j'éprouvais passaient ta jalousie.

Par tes égaremens juge de mes tranſports.
Nous puiſâmes tous deux dans ce ſang dont je ſors
L'excès des paſſions qui dévorent une ame.
La Nature à tous deux fit un cœur tout de flâme.
Mon Frere eſt mon rival & je l'ai combattu.
J'ai fait taire le ſang, peut être la vertu.
Furieux, aveuglé, plus jaloux que toi-même,
J'ai couru, j'ai volé pour t'ôter ce que j'aime :
Rien ne m'a retenu, ni tes ſuperbes Tours,
Ni le peu de Soldats que j'avais pour ſecours,
Ni le lieu, ni le tems, ni ſur tout ton courage ;
Je n'ai vu que ma flamme & ton feu qui m'outrage.
L'amour fut dans mon cœur plus fort que l'amitié :
Sois cruel comme moi, punis-moi ſans pitié.
Auſſi bien tu ne peux t'aſſurer ta conquête,
Tu ne peux l'épouſer, qu'aux dépens de ma tête.
A la face des Dieux je lui donne ma foi :
Je te fais de nos vœux le témoin malgré toi.
Frappe, & qu'après ce coup ta cruauté jalouſe
Traîne aux pieds des Autels ta Sœur & mon Epouſe.
Frappe, dis-je ; oſes tu ?

VENDOSME.

Traître, c'en eſt aſſez ;
Qu'on l'ôte de mes yeux : Soldats, obéiſſez.

ADÉLAÏDE.

(aux Soldats).

Non, demeurez, cruels. Ah ! Prince, eſt-il poſſible
Que la Nature en vous trouve un ame inflexible ?
Seigneur.....

NEMOURS.

Vous, le prier ! plaignez-le plus que moi ;
Plaignez-le, il vous offenſe, il a trahi ſon Roi.
Va, je ſuis dans ces lieux plus puiſſant que toi-même :
Je ſuis vengé de toi, l'on te hait & l'on m'aime.

ADELAÏDE.

(*à Nemours*).   (*à Vendôme*).
Ah!cher Prince! Ah!Seigneur! voyez à vos genoux...

VENDOSME, (*aux Soldats*).

Qu'on m'en reponde, allez.... Madame., levez-
vous.
Vos prieres, vos pleurs en faveur d'un parjure
Sont un nouveau poison versé sur ma blessure.
Vous avez mis la mort dans ce cœur outragé :
Mais, perfide, croyez que je mourrai vengé.
Adieu. Si vous voyez les effets de ma rage,
N'en accusez que vous ; nos maux sont votre ou-
vrage.

ADÉLAÏDE.

Je ne vous quitte pas : écoutez-moi, Seigneur.

VENDOSME.

Eh ! bien, achevez donc de déchirer mon cœur ;
Parlez.

SCENE IV.

NEMOURS, DANGESTE, ADÉLAIDE, VENDOSME, COUCI, UN OFFICIER, SOLDATS.

COUCI.

J'Allais partir ; un peuple téméraire
Se soulève en tumulte au nom de votre Frere ;
Le désordre est par-tout. Vos Soldats consternés
Désertent les drapeaux de leurs Chefs étonnés ;
Et pour comble de maux, vers la ville allarmée
L'ennemi rassemblé fait marcher son armée.

V E N D O S M E.

Allez, cruelle, allez, vous ne jouirez pas
Du fruit de votre haine & de vos attentats:
Rentrez. Aux factieux je vais montrer leur maître.
          (*à l'Officier*).   (*à Couci*).
Qu'on la retienne ici. Vous, veillez sur ce traître.

S C E N E V.
N E M O U R S, C O U C I.
C O U C I.

LE seriez-vous, Seigneur ? auriez-vous démenti
Le sang de ces héros dont vous êtes sorti ?
Auriez-vous violé, par cette lâche injure,
Et les droits de la guerre & ceux de la Nature ?
Un Prince à cet excès pourrait-il s'oublier ?

N E M O U R S.

Non. Mais suis-je réduit à me justifier ?
Couci, ce peuple est juste, il t'apprend à connaître
Que mon Frere est rebelle, & que Charle est son
      maître.

C O U C I.

Ecoutez. Ce serait le comble de mes vœux
De pouvoir aujourd'hui vous réunir tous deux.
Si vous avez un cœur digne de votre race,
Faites au bien public servir votre disgrace;
Rapprochez les partis ; unissez-vous à moi,
Pour calmer votre Frere & fléchir votre Roi;
Pour éteindre le feu de nos guerres civiles.

N E M O U R S.

Ne vous en flattez pas : vos soins sont inutiles.
Si la Discorde seule avait armé mon bras,
Si la guerre & la haine avaient conduit mes pas,

Vous pourriez efpérer de réunir deux Freres,
L'un de l'autre écartés dans des partis contraires:
Un obftacle plus grand s'oppofe à ce retour.

COUCI.

Et quel eft-il, Seigneur?

NEMOURS.

Ah! reconnais l'amour;
Reconnais la fureur qui de nous deux s'empare,
Qui m'a fait téméraire, & qui le rend barbare.

COUCI.

Ciel! faut-il voir ainfi par des caprices vains
Anéantir le fruit des plus nobles deffeins;
L'Amour fubjuguer tout; fes cruelles faibleffes,
Du fang qui fe révolte étouffer les tendreffes;
Des freres fe haïr; & naître, en tous climats,
Des paffions des Grands, le malheur des Etats?
Princes, de vos amours laiffons-là le myftere.
Je vous plains tous les deux; mais je fers votre Frere:
Je vais le feconder; je vais me joindre à lui.
Contre un peuple infolent, qui fe fait votre appui:
Je lui dois mon fecours; je vous laiffe & j'y vole.
Soyez mon prifonnier, mais fur votre parole;
Elle me fuffira.

NEMOURS.

Je vous la donne.

COUCI.

Et moi,
Je voudrais de ce pas porter la fienne au Roi.
Je voudrais cimenter, dans l'ardeur de lui plaire,
Du fang de nos tirans une union fi chere.
Mais ces fiers ennemis font bien moins dangereux
Que ce fatal amour qui vous perdra tous deux.

Fin du troifiéme Acte.

ACTE

ACTE IV.

SCENE PREMIERE.

ADELAIDE, NEMOURS, DANGESTE.

NEMOURS.

NOn, non ; ce Peuple en vain s'armait pour
   ma défenfe,
Mon Frere teint de fang, enivré de vengeance,
Devenu plus jaloux, plus fier & plus cruel,
Va traîner à mes yeux fa victime à l'autel.
Je ne fuis donc venu difputer ma conquête,
Que pour être témoin de cette horrible fête !
Et dans le défefpoir d'un impuiffant courroux,
Je ne puis me venger qu'en me privant de vous.
Partez, Adélaïde.

ADÉLAÏDE.

     Il faut que je vous quitte !
Quoi ! vous m'abandonnez ! vous ordonnez ma
   fuite !

NEMOURS.

Il le faut, chaque inftant eft un péril fatal ;
Vous êtes une efclave aux mains de mon rival.

D

Remercions le Ciel dont la bonté propice
Nous fufcite un fecours aux bords du précipice.
Vous voyez cet ami qui doit guider vos pas ;
Sa vigilance adroite a féduit des foldats.
   (*à Dangefte*).
Dangefte, fes malheurs ont droit à tes fervices.
Je fuis loin d'exiger d'injuftes facrifices.
Je refpecte mon Frere , & je ne prétends pas
Confpirer contre lui dans fes propres Etats:
Ecoute feulement la pitié qui te guide ,
Ecoute un vrai devoir , & fauve Adélaïde.

     A D É L A Ï D E.

Hélas ! ma délivrance augmente mon malheur ;
Je déteftais ces lieux , j'en fors avec terreur.

     N E M O U R S.

Privez-moi par pitié d'une fi chere vue.
Tantôt à ce départ vous étiez réfolue ;
Le deffein était pris , n'ofez-vous l'achever ?

     A D É L A Ï D E.

Ah ! quand j'ai voulu fuir , j'efperais vous trouver.

     N E M O U R S.

Prifonnier fur ma foi, dans l'horreur qui me preffe,
Je fuis plus enchaîné par ma feule promeffe,
Que fi de cet Etat les tyrans inhumains ,
Des fers les plus pefans avaient chargé mes mains.
Au pouvoir de mon Frere , ici l'honneur me livre :
Je peux mourir pour vous , mais je ne peux vous
       fuivre.
Cet ami vous conduit par des détours obfcurs
Qui vous rendront bientôt fous cès coupables murs.
De la Flandre à fa voix on doit ouvrir la porte:
Du Roi fous les remparts il trouvera l'efcorte.

Le tems preſſe : évitez un ennemi jaloux.

ADÉLAÏDE.

Je vois qu'il faut partir , cher Nemours ; & ſans
    vous.

NEMOURS.

L'Amour nous a rejoints , que l'Amour nous ſépare.

ADÉLAÏDE.

Qui ? moi ! que je vous laiſſe au pouvoir d'un bar-
    bare !
Seigneur , de votre ſang l'Anglais eſt alteré ;
Ce ſang à votre Frere eſt-il donc ſi ſacré ?
Craindra-t-il d'accorder, dans ſon courroux funeſte,
Aux alliés qu'il aime un rival qu'il déteſte ?

NEMOURS.

Il n'oſerait.

ADÉLAÏDE.

      Son cœur ne connaît point de frein :
Il vous a menacé ; menace-t-il en vain ?

NEMOURS.

Il tremblera bientôt : le Roi vient & nous venge :
La moitié de ce peuple à ſes drapeaux ſe range.
Allez : ſi vous m'aimez , dérobez-vous aux coups
Des foudres allumés grondans autour de nous ;
Au tumulte , au carnage , au déſordre effroyable ;
Dans des murs prix d'aſſaut ; malheur inévitable.
Mais craignez encor plus un rival furieux ;
Craignez l'amour jaloux qui veille dans ſes yeux.
Je frémis de vous voir encor ſous ſa puiſſance ;
Redoutez ſon amour autant que ſa vengeance.
Cédez à mes douleurs ; qu'il vous perde , partez.

ADÉLAÏDE.

Et vous vous expoſez ſeul à ſes cruautés !

NEMOURS.

Ne craignez rien pour vous, je craindrai peu mon
        Frere :
Et bientôt mon appui lui devient néceſſaire.

ADÉLAÏDE.

Auſſi-bien que mon cœur, mes pas vous ſont ſou-
        mis.
Eh bien ! vous l'ordonnez, je pars, & je frémis.
Je ne ſçais . . . mais enfin la fortune jalouſe
M'a toujours envié le nom de votre épouſe. . .

NEMOURS.

Partez avec ce nom. La pompe des Autels,
Ces voiles, ces flambeaux, ces témoins ſolemnels,
Inutiles garants d'une foi ſi ſacrée,
La rendront plus connue, & non plus aſſurée.
Vous, mânes des Bourbons, Princes, Rois, mes Ayeux,
Du ſéjour des Héros tournez ici les yeux ;
J'ajoute à votre gloire en la prenant pour femme.
Confirmez mes ſermens, ma tendreſſe, & ma flamme ;
Adoptez-la pour fille ; & puiſſe ſon époux
Se montrer à jamais digne d'elle & de vous !

ADÉLAÏDE.

Rempli de vos bontés, mon cœur n'a plus d'allarmes.
Cher époux ! cher amant ! . . .

NEMOURS.

        Quoi ! vous verſez des larmes !
C'eſt trop tarder : adieu. Ciel ! quel tumulte affreux !

SCENE II.

ADELAIDE, NEMOURS, DANGESTE, VENDOSME, SOLDATS.

VENDOSME.

JE l'entends ; c'eſt lui-même : arrête, malheureux ;
Lâche qui me trahis, rival indigne, arrête.

NEMOURS.

Il ne te trahit point ; mais il t'offre ſa tête.
Porte à tous les excès ta haine & ta fureur.
Va, ne perds point de tems, le Ciel arme un ven-
    geur :
Tremble, ton Roi s'approche, il vient, il va pa-
    raître :
Tu n'as vaincu que moi, redoute encor ton maître.

VENDOSME.

Il pourra te venger, mais non te ſecourir :
Et ton ſang...

ADÉLAÏDE.

    Non, cruel ; c'eſt à moi de mourir ;
J'ai tout fait : c'eſt par moi que ta garde eſt ſéduite ;
J'ai gagné tes ſoldats, j'ai préparé ma fuite :
Punis ces attentats & ces crimes ſi grands
De ſortir d'eſclavage & de fuir ſes tyrans.
Mais reſpecte ton Frere, & ſa femme & toi-même :
Il ne t'a point trahi ; c'eſt un Frere qui t'aime ;
Il voulait te ſervir quand tu veux l'opprimer :

Quel crime a-t-il commis , cruel , que de m'aimer ?
L'amour n'eſt-il en toi qu'un Juge inexorable ?

VENDOSME.

Plus vous le défendez , plus il devient coupable :
C'eſt vous qui le perdez , vous qui l'aſſaſſinez ;
Vous , par qui tous nos jours étaient empoiſonnés ;
Vous , qui pour leur malheur armez des mains ſi
    cheres :
Puiſſe tomber ſur vous tout le ſang des deux Freres !
Vous pleurez ... mais vos pleurs ne peuvent me
    tromper.
Je ſuis prêt à mourir , & prêt à le frapper.
Mon malheur eſt au comble , ainſi que ma faibleſſe :
Oui , je vous aime encor. Le tems , le péril preſſe ;
Vous pouvez à l'inſtant parer le coup mortel ;
Voilà ma main , venez , ſa grace eſt à l'Autel.

ADÉLAÏDE.

Moi , Seigneur !

VENDOSME.

C'eſt aſſez.

ADÉLAÏDE.

Moi , que je le trahiſſe !

VENDOSME.

Arrêtez ... Répondez ...

ADÉLAÏDE.

Je ne puis.

VENDOSME.

Qu'il périſſe.

ADÉLAÏDE , *à Vendôme.*

Qu'il périſſe , barbare !

NEMOURS.

En ces affreux combats,
Ofez m'aimer affez pour vouloir mon trépas.

VENDOSME, *à fes Gardes.*

Qu'on l'entraîne à la Tour ; allez, qu'on m'obéiffe.

SCENE III.

COUCI, VENDOSME, ADELAIDE.

ADÉLAÏDE, *à Couci.*

AH ! je n'attends plus rien que de votre juftice,
Couci ; contre un cruel ofez me fecourir.

VENDOSME.

Garde-toi de l'entendre, ou tu vas me trahir.

ADELAÏDE.

J'attefte ici le Ciel !...

VENDOSME.

Eloignez de ma vue,
Ami, délivrez-moi d'un objet qui me tue.

ADÉLAÏDE.

Va, tyran, c'en eft trop ; va, dans mon défefpoir,
J'ai combattu l'horreur que je fens à te voir.
J'ai cru, malgré ta rage, à ce point emportée,
Qu'une femme du moins en ferait refpectée,
L'amour adoucit tout, hors ton barbare cœur :
Tigre, je t'abandonne à toute ta fureur.
Dans ton féroce amour immole tes victimes :
Compte dès ce moment ma mort parmi tes crimes.

Mais compte encor la tienne ; un vengeur va venir :
Par ton juste supplice il va tous nous unir.
Tombe avec tes remparts , tombe , & péris sans
  gloire ;
Meurs ; & que l'avenir prodigue à ta memoire,
A tes feux , à ton nom justement abhorré,
La haine & le mépris que tu m'as inspiré.

SCENE IV.

VENDOSME, COUCI.

VENDOSME.

Oui, cruelle ennemie, & plus que moi farouche,
Oui , j'accepte l'arrêt prononcé par ta bouche.
Que la main de la haine , & que les mêmes coups,
Dans l'horreur du tombeau nous réunissent tous !

COUCI.

Il ne se connaît plus, il succombe à sa rage.

VENDOSME.

Hé bien ! souffriras-tu ma honte & mon outrage ?
Le tems presse : veux-tu qu'un rival odieux
Enleve la perfide , & l'épouse à mes yeux ?
Tu crains de me répondre ? attends-tu que le traître
Ait soulevé mon peuple , & me livre à son maître ?

COUCI.

Je vois trop en effet que le parti du Roi
Du peuple fatigué fait chanceler la foi.
De la sédition la flamme réprimée
Vit encor dans les cœurs, en secret rallumée.

V E N D O S M E.
C'eſt Nemours qui l'allume ; il nous a trahi tous.

C O U C I.
Je ſuis loin d'excuſer ſes crimes envers vous :
L'amitié des Anglais eſt toujours incertaine,
Les Etendarts de France ont paru vers la plaine,
Et vous êtes perdu, ſi le peuple excité
Croit dans la trahiſon trouver ſa ſûreté.
Vos dangers ſont accrus.

V E N D O S M E.
Hé bien ! que faut-il faire ?

C O U C I.
Les prévenir ; dompter l'amour & la colere.
Ayons encor, mon Prince, en cette extrémité,
Pour prendre un parti ſûr, aſſez de fermeté.
Nous pouvons conjurer, ou braver la tempête.
Quoi que vous décidiez, ma main eſt toute prête.
Vous vouliez, ce matin, par un heureux traité,
Appaiſer avec gloire un Monarque irrité ;
Ne vous rebutez pas, ordonnez ; & j'eſpere
Signer en votre nom une paix ſalutaire.
Mais s'il vous faut combattre, ou courir au trépas,
Vous ſçavez qu'un ami ne vous ſurvivra pas.

V E N D O S M E.
Ami, dans le tombeau laiſſe-moi ſeul deſcendre :
Vis, pour ſervir ma cauſe, & pour venger ma cendre.
Mon deſtin s'accomplit, & je cours l'achever ;
Qui ne veut que la mort eſt ſûr de la trouver.
Mais je la veux terrible, & lorſque je ſuccombe,
Je veux voir mon rival entraîné dans ma tombe.

C O U C I.
Comment ! De quelle horreur vos ſens ſont poſſedés !

VENDOSME.

Il eſt dans cette Tour , où vous ſeul commandez :
Et vous m'avez promis que contre un téméraire ...

COUCI.

Contre Nemours ? ah ciel !

VENDOSME.

       Nemours eſt-il mon Frere ?
Il me livre à ſon maître , il m'a ſeul opprimé ,
Il ſouleve mon peuple , enfin il eſt aimé ;
Contre moi, dans ce jour, il commet tous les crimes.
Partage mes fureurs , elles ſont légitimes ;
Toi ſeul , après ma mort , en cueilleras le fruit.
Le chef de ces Anglais , dans la Ville introduit ,
Demande au nom des ſiens la tête du parjure.

COUCI.

Vous leur avez promis de trahir la Nature ?

VENDOSME.

Dès longtems du perfide ils ont proſcrit le ſang.

COUCI.

Et , pour leur obéir , vous lui percez le flanc ?

VENDOSME.

Non , je n'obéis point à leur haine étrangère ;
J'obéis à ma rage , & veux la ſatisfaire.
Que m'importe l'Etat & mes vains Alliés ?

COUCI.

Ainſi donc à l'amour vous le ſacrifiez ;
Et vous me chargez , moi , du ſoin de ſon ſupplice ?

VENDOSME.

Je n'attends pas de vous cette prompte juſtice.

Je suis bien malheureux, bien digne de pitié !
Trahi dans mon amour, trahi dans l'amitié !
Ah ! trop heureux Dauphin, c'est ton fort que j'envie !
Ton amitié du moins n'a point été trahie :
Et Tangui du Châtel, quand tu fus offensé,
T'a servi sans scrupule & n'a pas balancé.

COUCI.

Il a payé bien cher ce fatal sacrifice.

VENDOSME.

Le mien coûtera plus ; mais je veux ce service :
Oui je le veux, ma mort à l'instant le suivra ;
Mais du moins mon rival avant moi périra.

COUCI, *après un long silence.*

J'obéirai, Seigneur ; soit crime, soit justice,
Vous ne vous plaindrez plus que Couci vous trahisse.
Je me rends, non à vous, non à votre fureur,
Mais à d'autres raisons qui parlent à mon cœur.
Quand un ami se perd, il faut qu'on l'avertisse ;
Il faut qu'on le retienne au bord du précipice :
Je l'ai dû, je l'ai fait, malgré votre courroux ;
Vous y voulez tomber, je m'y jette avec vous,
Et vous reconnaîtrez, au succès de mon zèle,
Si Couci vous aimait, & s'il vous fut fidèle.

VENDOSME.

Je revois mon ami . . , vengeons-nous, vole, attends.
Non, va, te dis-je, frappe, & je mourrai content.
Qu'à l'instant de sa mort, à mon impatience
Le canon des remparts annonce ma vengeance.
J'irai, je l'apprendrai, sans trouble & sans effroi,
A l'objet odieux qui l'immole par moi.
Volez.

COUCI.

En vous rendant ce malheureux service,
Prince, je vous demande un autre sacrifice.

VENDOSME.

Parle.

COUCI.

Je ne veux pas que l'Anglais en ces lieux,
Protecteur infolent , commande fous mes yeux :
Je ne veux pas fervir un tyran qui nous brave.
Ne puis-je vous venger , fans être fon efclave ?
Si vous voulez tomber , pourquoi prendre un appui ?
Pour mourir avec vous , ai-je befoin de lui ?
Du fort de ce grand jour laiflez-moi la conduite ;
Ce que je fais pour vous peut-être le mérite.
Les Anglais avec moi pourraient mal s'accorder.
Jufqu'au dernier moment je veux feul commander.

VENDOSME.

Oui : pourvû que l'ingrate , au défefpoir réduite ,
Pleure en larmes de fang l'amant qui l'a féduite ;
Pourvû que de l'horreur de fes gémiffemens
Ma fureur fe repaiffe à fes derniers momens :
Tout le refte eft égal , & je te l'abandonne.
Prepare le combat , agis , difpofe , ordonne.
Ce n'eft plus la victoire où ma fureur pretend,
Je ne cherche pas même un trépas éclatant.
Aux cœurs défefperés qu'importe un peu de gloire ?
Périfle , ainfi que moi , ma funefte mémoire !
Périfle avec mon nom le fouvenir fatal
D'une indigne maitreffe & d'un lâche rival.

COUCI.

Je l'avoüe avec vous ; une nuit éternelle
Doit couvrir , s'il fe peut , une fin fi cruelle.
C'était avant ce coup qu'il nous fallait mourir,
Mais je tiendrai parole , & je vais vous fervir.

Fin du quatrième Acte.

ACTE V.

SCENE PREMIERE.

VENDOSME, UN OFFICIER, GARDES, *dans le fond.*

VENDOSME

O Ciel ! me faudra-t-il , de momens en momens ,
Voir & des trahisons & des soulévemens ?
Eh bien ! de ces mutins l'audace est terrassée ?

L'OFFICIER.

Seigneur, ils vous ont vu ; leur foule est dispersée.

VENDOSME.

L'ingrat de tous côtés m'opprimait aujourd'hui.
Mon malheur est parfait , tous les cœurs sont à lui.
Dangeste est-il puni de sa fourbe cruelle ?

L'OFFICIER.

Le glaive a fait couler le sang de l'infidèle.

VENDOSME.

Ce Soldat , qu'en secret vous m'avez amené ,
Va-t-il exécuter l'ordre que j'ai donné ?

L'OFFICIER.

Oui, Seigneur ; & déjà vers la Tour il s'avance:

VENDOSME.

Je vais donc à la fin jouir de ma vengeance:
Sur l'incertain Couci mon cœur a trop compté :
Il a vu ma fureur avec tranquillité.
On ne soulage point des douleurs qu'on méprise ;
Il faut qu'en d'autres mains ma vengeance soit mise:

(*A l'Officier*).

Vous ! Que sur nos remparts on porte nos drapeaux,
Allez ; qu'on se prépare à des périls nouveaux.
Vous sortez d'un combat, un autre vous appelle :
Ayez la même audace avec le même zèle ;
Imitez votre maître. Et s'il vous faut périr ;
Vous recevrez de moi l'exemple de mourir.

SCENE II.

VENDOSME, *seul.*

LE sang, l'indigne sang, qu'a demandé ma rage ;
Sera du moins pour moi le signal du carnage.
Un bras vulgaire & sûr va punir mon rival.
Je vais être servi. J'attends l'heureux signal.
Nemours, tu vas périr : mon bonheur se prépare !
Un Frere assassiné..... Quel bonheur ! Ah ! barbare !
S'il est doux d'accabler ses cruels ennemis ;
Si ton cœur est content, d'où vient que tu frémis ?
Allons..... Mais quelle voix gémissante & sévère
Crie au fond de mon cœur : *arrête, il est ton Frere.*
Ah ! Prince infortuné, dans la haine affermi ;
Songe à des droits plus saints ; Nemours fut ton ami.

O jours de notre enfance! ô tendreffes paffées!
Il fut le confident de toutes mes penfées.
Avec quelle innocence & quels épanchemens
Nos cœurs fe font appris leurs premiers fentimens!
Que de fois, partageant mes naiffantes allarmes,
D'une main fraternelle effuya-t-il mes larmes!
Et c'eft moi qui l'immole! & cette même main
D'un Frere que j'aimai déchirerait le fein!
O paffion funefte! ô fureur qui m'égare!
Non, je n'étais pas né pour devenir barbare:
Je fens combien le crime eft un fardeau cruel.
Mais que dis-je? Nemours eft le feul criminel:
Je reconnais mon fang; mais c'eft à fa furie:
Il m'enlève l'objet dont dépendait ma vie:
Il aime Adélaïde. Ah! trop jaloux tranfport!
Il l'aime: eft-ce un forfait qui mérite la mort?
Hélas! malgré les tems, & la guerre & l'abfence,
Leur tranquille union croiffait dans le filence;
Ils nourriffaient en paix leur innocente ardeur,
Avant qu'un fol amour empoifonnât mon cœur.
Mais lui-même il m'attaque, il brave ma colére,
Il me trompe, il me hait. N'importe: il eft mon Frere.
Il ne périra point: Nature, je me rends.
Je ne veux point marcher fur les pas des tyrans.
Je n'ai point entendu le fignal homicide,
L'organe des forfaits, la voix du parricide;
Il en eft temps encor.

SCENE III.

VENDOSME, L'OFFICIER, GARDES.

VENDOSME, *à l'Officier qui entre.*

QUe l'on sauve Nemours.
Portez mon ordre, allez ; répondez de ses jours.
Que Couci.... (*on entend un coup de canon.*)
  Dieu ! qu'entends-je ! ah ! j'ai perdu mon Frere !
Il est mort, & je vis.... ce jour encor m'éclaire.
Ennemi de mon Roi, factieux, inhumain,
Frere dénaturé, ravisseur, assassin ;
Voilà quel est Vendôme ! ah ! vérité funeste !
Je vois ce que je suis, & ce que je déteste.
Le voile est déchiré : je m'étais mal connu.
Au comble des forfaits je suis donc parvenu !
Ah ! Nemours ! ah ! mon Frere ! ah ! jour de ma ruine !
Je sens que je t'aimais ; & mon bras t'assassine !
Mon Frere !

L'OFFICIER.

Adélaïde avec empressement
Veut, Seigneur, en secret vous parler un moment.

VENDOSME.

Adélaïde ! ô ciel ! empêchez qu'elle avance :
Je ne puis soutenir, ni souffrir sa présence.
Mais non : d'un patricide elle doit se venger :
Dans mon coupable sang sa main doit se plonger :
Qu'elle entre. Ah ! je succombe, & ne vis plus qu'à
  peine.

SCENE

SCENE IV.

VENDOSME, ADÉLAIDE, TAISE.

ADÉLAÏDE.

VOus l'emportez, Seigneur : & puisque votre
    haine.....
(Comment puis je autrement appeller en ce jour
Ces affreux sentimens que vous nommez amour ?
Puisqu'à ravir ma foi votre haine obstinée,
Veut, ou le sang d'un Frere, ou ce triste hyménée).
Mon choix est fait, Seigneur, & je me donne à vous.
Par le droit des forfaits vous êtes mon époux ;
Brisez les fers honteux dont vous chargez un Frere :
De Lille sous ses pas abbaissez la barriere :
Que je ne tremble plus pour des jours si chéris.
Je trahis mon amant ; je le perds à ce prix.
Je vous épargne un crime, & suis votre conquête.
Commandez, disposez ; ma main est toute prête.
Peut-être cette main que vous tyrannisez
Punira la faiblesse où vous me réduisez :
Peut-être au temple même, où vous m'allez conduire.
Mais vous voulez ma main ; ma main doit vous
    suffire.
Allons. Eh quoi ! d'où vient ce silence affecté ?
Quoi ? votre Frere encor n'est point en liberté ?

VENDOSME.

Mon Frere ?

ADÉLAÏDE.

Dieu puissant, dissipez mes allarmes.
Ciel ! de vos yeux cruels je vois tomber des larmes !

E

VENDOSME.

Vous demandez sa vie. . . . .

ADÉLAÏDE.

Ah ! qu'est-ce que j'entends !
Vous, qui m'aviez promis. . . . .

VENDOSME.

Madame, il n'est plus tems.

ADÉLAÏDE.

Il n'est plus tems ! . . . . Nemours !

VENDOSME.

Il est trop vrai, cruelle;
Oui, vous avez dicté sa sentence mortelle.
Couci, pour nos malheurs, a sçu trop m'obéir.
Ah ! revenez à vous : vivez pour me punir.
Frappez. Que votre main contre moi ranimée
Perce un cœur inhumain qui vous a trop aimée ;
Un cœur dénaturé qui n'attend que vos coups.
Oui, j'ai tué mon Frere, & l'ai tué pour vous :
Vengez sur un coupable, un monstre sanguinaire
Tous les crimes affreux que vous m'avez fait faire.

ADÉLAÏDE.

Nemours est mort ! barbare !

VENDOSME.

Oui : mais c'est de ta main
Que son sang veut ici le sang de l'assassin.

ADÉLAÏDE, *presque évanouie & soutenue par Taïse.*

Il est mort !

VENDOSME.

Ton reproche. . . . .

ADÉLAÏDE.

Épargne ma misére.
Laisse-moi ; je n'ai plus de reproche à te faire.
Va, porte ailleurs ton crime & ton vain repentir :
Je veux encor le voir, l'embrasser & mourir.

VENDOSME.

Ton horreur est trop juste. Hé bien ! Adélaïde,
Prends ce fer, arme-toi, mais contre un parricide....
Je ne mérite pas de mourir de tes coups ;
Que ma main les conduise.

SCENE V.

VENDOSME, ADELAÏDE, TAISE, COUCI.

COUCI, *arrêtant le bras de Vendôme.*

AH ! Ciel ! que faites-vous ?

VENDOSME.

Laissez-moi me punir & me rendre justice.

ADÉLAÏDE, *à Couci.*

Vous, d'un assassinat vous êtes le complice !....

VENDOSME.

Ministre de mon crime, as-tu pu m'obéir ?

COUCI.

Je vous avais promis, Seigneur, de vous servir.

VENDOSME.

Malheureux que je fuis ! ta févère rudeffe
A cent fois de mes fens combattu la faibleffe ;
Ne devais-tu te rendre à mes triftes fouhaits
Que quand ma paffion t'ordonnait des forfaits ?
Tu ne m'as obéi que pour perdre mon Frere ?

COUCI.

Si j'avais refufé ce fanglant miniftère ,
Votre aveugle courroux n'aurait-il pas foudain
Du foin de vous venger chargé toute autre main?

VENDOSME.

L'amour , le feul amour, de mes fens toujours maître ,
En m'ôtant ma raifon , m'eût excufé peut-être :
Mais toi , dont la fageffe & les réflexions
Ont calmé dans ton fein toutes les paffions ;
Toi , qui montras toujours un cœur ferme & rigide ,
Avec tranquillité permettre un parricide !

COUCI.

Hé bien ! puifque la honte & que le repentir ,
Par qui la vertu parle à qui peut la trahir ,
D'un fi jufte remords ont pénétré votre ame ;
Puifque , malgré l'excès de votre aveugle flâme ,
Au prix de votre fang vous voudriez fauver
Ce fang dont vos fureurs ont voulu vous priver ;
Je peux donc m'expliquer , je peux donc vous ap-
        prendre,
Que de vous-même enfin Couci fçait vous défendre,
Connaiffez-moi , Madame , & calmez vos douleurs.

    (*au Duc*).   (*à Adélaïde*).

Vous, gardez vos remords. Et vous, féchez vos pleurs.
Que ce jour à tous trois foit un jour falutaire :
Venez, paraiffez , Prince , embraffez votre Frere.

SCENE VI.

VENDOSME, ADELAIDE, TAISE, COUCI, NEMOURS, SOLDATS, *dans le fond.*

ADÉLAÏDE.

Nemours !

VENDOSME.

Mon Frere !

ADÉLAÏDE.

Ah ! Ciel !

VENDOSME.

Qui l'aurait pu penſer ?

NEMOURS.

J'oſe encor te revoir, te plaindre & t'embraſſer.

VENDOSME.

Mon crime en eſt plus grand, puiſque ton cœur
l'oublie.

ADÉLAÏDE.

Couci, digne héros qui me rendez la vie !

VENDOSME.

Il la donne à tous trois.

COUCI.

Un indigne aſſaſſin
Sur Nemours à mes yeux avait levé la main;

J'ai faifi le barbare ; & prévénant encore
Les aveugles fureurs du feu qui vous dévore,
J'ai fait donner foudain le fignal odieux,
Sûr que le repentir vous ouvrirait les yeux.

VENDOSME.

Après ce grand exemple & ce fervice infigne,
Le prix que je t'en dois, c'eft de m'en rendre digne.
Le fardeau de mon crime eft trop pefant pour moi.
Mes yeux couverts d'un voile & baiflés devant toi,
Craignent de rencontrer, & les regards d'un Frere,
Et la Beauté fatale à tous les deux trop chere.

NEMOURS.

Tous deux auprès du Roi nous voulions te fervir.
Quel eft-donc ton deffein ? Parle.

VENDOSME.

> De me punir ;
De nous rendre à tous trois une égale juftice ;
D'expiér devant vous par le plus grand fupplice
Le plus grand des forfaits, où la fatalité,
L'amour & le courroux m'avaient précipité.
J'aimais Adélaïde ; & ma flamme cruelle
Dans mon cœur défolé s'irrite encor pour elle:
Couci fçait à quel point j'adorais fes appas,
Quand ma jaloufe rage ordonnait ton trépas.
Dévoré malgré moi du feu qui me poffede,
Je l'adore encor plus, & mon amour la cède.
Je m'arrache le cœur la voyant dans tes bras.
Aimez-vous, mais au moins ne me haïffez-pas.

NEMOURS, *à fes pieds.*

Moi, vous haïr ! Jamais. Vendôme ! mon cher
    Frere !
J'ofai vous outrager…. Vous me fervez de Pere.

A D É L A Ï D E.

Oui, Seigneur, avec lui j'embrasse vos genoux;
La plus tendre amitié va me rejoindre à vous;
Vous me payez trop bien de mes douleurs souffertes.

V E N D O S M E.

Ah! c'est trop me montrer mes malheurs & mes
      pertes.
Mais vous m'apprenez tous à suivre la vertu.
Ce n'est point à demi que mon cœur est rendu.
Trop fortunés Epoux , oui, mon ame attendrie
Imite votre exemple , & chérit sa Patrie.

(à Nemours).

Allez apprendre au Roi pour qui vous combattez ,
Mon crime , mes remords & vos félicités :
Allez : ainsi que vous , je vais le reconnaître.
Sur nos remparts soumis amenez votre Maître :

(à Couci).

Il est déjà le mien. Nous allons à ses pieds
Abbaisser sans regret nos fronts humiliés.
J'égalerai pour lui votre intrépide zèle;
Bon Français, meilleur Frere, ami, Sujet fidèle.
Es-tu content , Couci?

C O U C I.

J'ai le prix de mes soins ,
Et du sang des Bourbons je n'attendais pas moins.

Fin du cinquième & dernier Acte.